车身结构与附件拆装

主　编　易昌盛　张宏立
副主编　彭万平
主　审　吴兴敏
参　编　吴旭亮

北京理工大学出版社
BEIJING INSTITUTE OF TECHNOLOGY PRESS

图书在版编目(CIP)数据

车身结构与附件拆装／易昌盛主编. —北京：北京理工大学出版社，2019.7 重印
ISBN 978－7－5640－9706－6

Ⅰ.①车…　Ⅱ.①易…　Ⅲ.①汽车－车体结构－高等职业教育－教材　②汽车－车体－附件－装配(机械)－高等职业教育－教材　Ⅳ.①U463.8

中国版本图书馆 CIP 数据核字（2014）第 207123 号

出版发行／北京理工大学出版社有限责任公司
社　　址／北京市海淀区中关村南大街 5 号
邮　　编／100081
电　　话／(010)68914775(总编室)
　　　　　(010)82562903(教材售后服务热线)
　　　　　(010)68948351(其他图书服务热线)
网　　址／http://www.bitpress.com.cn
经　　销／全国各地新华书店
印　　刷／定州市新华印刷有限公司
开　　本／787 毫米×1092 毫米　1/16
印　　张／9.5
字　　数／222 千字
版　　次／2019 年 7 月第 1 版第 3 次印刷
定　　价／28.00 元

责任编辑／张荣君
文案编辑／张荣君
责任校对／周瑞红
责任印制／边心超

Preface 总序

职业教育的发展已经成为国家当前教育发展的战略重点之一，2011年教育部启动了一千所全国中职教育改革发展示范校的建设项目，各职业学校纷纷抓住这一发展契机，厚积薄发，改革与完善自身的重点专业，其中的一个重点就是教材的改革，如何突破传统的教材模式，充分体现职业教育的特点，是困扰各职业学校乃至出版界的一个难点。

百舸争流，千帆竞发，教材的改革只争朝夕。武汉市交通学校抢抓示范校建设的机遇，在自己的优势专业中进行了校本教材的研讨与开发。历经师生调研、企业调研、出版研讨、专家审核等环节，从汽车运用与维修、汽车车身修复、电梯安装与维修、电子技术应用等四个重点建设专业中精选出14门课程进行教材开发。教材开发时，根据行业需求，对知识、技能和能力目标进行重构，按照生产过程中的工作项目，以专项能力培养为目标，组合划分项目单元，分解工作任务，确定结构合理、流程清晰的相应的知识与能力目标，让教材内容贴近工作实际，贴近教学需求，工作页的引入有效地将教材与学材融为一体，受到师生的普遍欢迎。

教学改革，教材先行。武汉市交通学校本套教材的出版，既充分体现出“职教专家、企业一线专家、学校教师、出版社编辑”四位一体的编写模式，又弥补了职业教育汽车车身专业、电梯安装与维修专业教材的紧缺，更在教材与学材融合方面进行了有益尝试，其改革、创新、实践的做法正是国家《现代职业教育体系建设规划（2014－2020年）》倡导的职业教育发展方向。

编委会

Preface 前言

《国家中长期教育改革和发展规划纲要（2010—2020年）》和《中等职业教育改革创新行动计划（2010—2020年）》中提出：坚持能力为重，优化知识结构，丰富社会实践，强化能力培养。着力提高学生的学习能力、实践能力、创新能力，教育学生学会知识技能，学会动手动脑，学会生存生活，学会做人做事，促进学生主动适应社会，开创美好未来。

职业教育的根本目的是“让人学会技能和本领，能够就业，成为有用之才”，但目前学校所使用的教材普遍存在以下几个方面的问题：

（1）理论性知识偏多，实践性操作不够；

（2）学生反映难理解，教师反映不好教；

（3）企业反映脱离实际，与岗位能力不相符；

（4）立体化程度不够，教学资源质量不高，教学方式相对落后。

针对以上问题，结合北京理工大学出版社汽车类专业教材的出版优势，我们开发了“职业教育改革创新示范教材”。本套教材以“积极探索教学改革思路，充分考虑区域性特点，提升学生职业技能与职业素养”为指导思想，采用学校教师、企业一线专家、出版社编辑“三结合”的编写模式。本书的编写紧密贴近教学改革的实际，力求体现以下特点：

1. 突出学生为主体，教师为主导

改变传统的以教师为中心的静态教学，转变为以学生为主体的动态管理。学生通过项目指导可清楚地知道相应的学习目标、重难点、操作步骤及要求等，体例编排可有效地引导学生进行自学、小组讨论和师生互动，充分体现“做中学，做中教”。

2. 实训内容贴合工作一线实际

在汽车车身修复专业建设指导委员会的指导下，通过对汉市汽车维修企业的大量调研，对岗位典型工作任务进行统计及科学分析，结合中职教育的特点，制定出本课程实训任务，客观、真实地反映了当前车身修复工作岗位所需相关知识和技能以及职业素养。

本书由武汉市交通学校易昌盛担任主编，由武汉市交通学校彭万平、张宏立担任副主编，神龙鸿泰汽车销售服务公司车身修复技术总监吴旭亮参与编写。限于编者的经历和水平，书中难免有不妥或错误之处，敬请广大读者批评指正，以便再版修订时改正。

编　者

目　录

Contents

项目1　熟悉车身常用拆装工具及设备

1.1　项目指导

1.1.1　项目描述

现代汽车维修靠的是“三分技术、七分工具”，由此可见，正确地选用工具对汽车维修来说是很重要。但很多维修技术人员不太重视工具的使用方法，使用扳手、钳子等通用工具不规范，以致常不能顺利完成维修作业。在本项目中，同学们将在指导老师的带领下，利用6课时的时间，在车身结构与附件拆装学习工作站，对车身常用拆装工具及设备进行认知及操作，为后续学习任务夯实基础。同学们应记录已完成的工作，自觉保持安全作业，遵守实训管理条例并确保符合“8S”管理的工作要求。

1.1.2　学习目标

同学们在老师的指导下借助工作页、国家标准、厂商设备说明书等资料，对车身常用拆装工具及设备进行认知，了解常用车身拆装工具及设备的用途、工作原理及日常维护方法等，并能正确、规范地使用这些拆装工具及设备。

对已完成的任务进行记录、存档、评价及反馈。

1.1.3　学习重点及难点

学习重点：正确、规范使用车身常用拆装工具及设备。

学习难点：理解专用工具及设备的工作原理及日常维护方法。

1.1.4　实训步骤及要求

1. 同学们进入工作站时，要认真、仔细阅读相关安全要求与说明，严格按照安全防护要求着装，并按老师的要求安全作业，否则会由于违反安全作业规程造成身体或设备的损伤。

2. 同学们应仔细观察每件拆装工具及设备，并在工作页上记录它们的名称、规格或型号、基本用途等信息。

3. 在老师的指导下，熟悉车身常用拆装工具及设备的正确使用方法、工作原理和日常维护方法。

1.2 资料收集

学习地点

车身结构与附件拆装学习工作站。

学习准备

多媒体设备及其他相应学习材料。

学习过程

1. 请在参观车身结构与附件拆装学习工作站后绘制工作站的平面布局示意图，标识安全通道及消防安全位置。

2. 经过小组讨论后，独立完成下表中的问题。

方式	引导问题	结论
独立完成	在实际工作中我们可能会遇到哪些安全方面的问题？	
独立完成	着火必备的三个条件是什么？	
独立完成	若发生火灾应该如何正确逃生？	
独立完成	使用电气设备时要注意哪些安全事项	

3. 观察图 1 - 1 至图 1 - 9 中的工具,看你能认识多少常用拆装工具及设备?

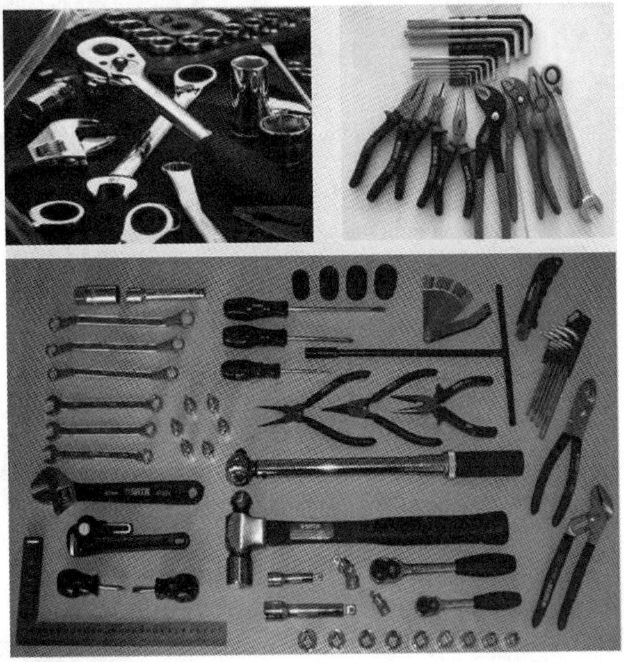

图 1 -1

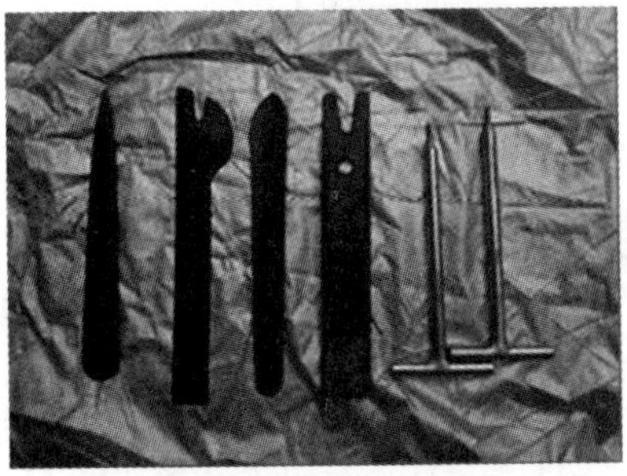

图 1 -2

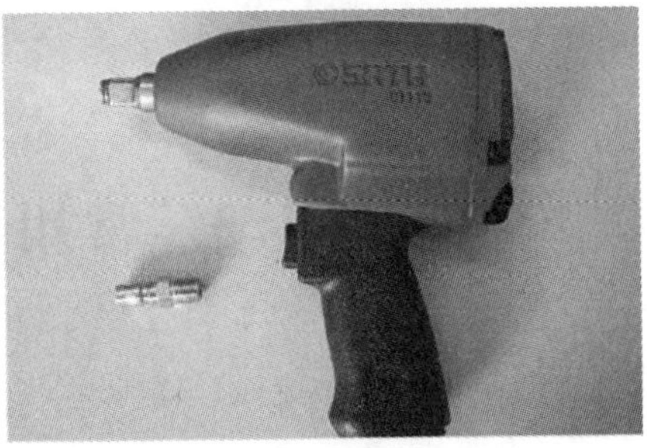

图 1 -3

图 1 -4

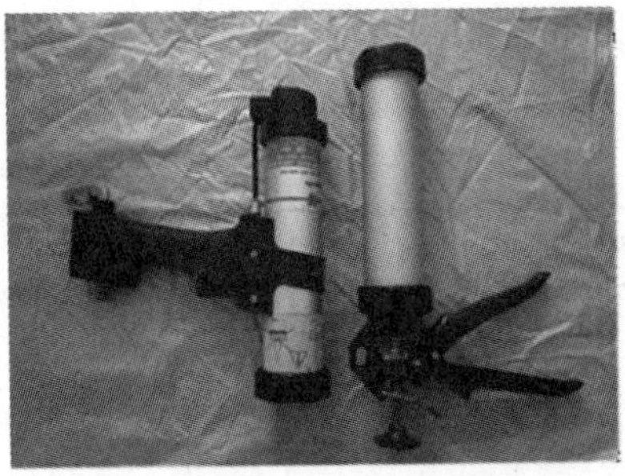

图 1 -5

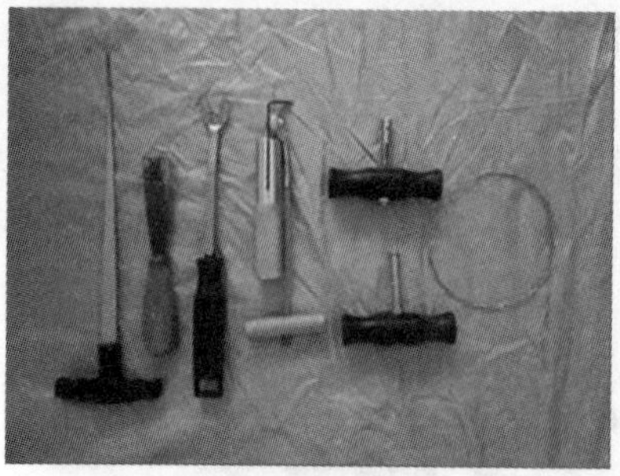

图 1-6

图 1-7

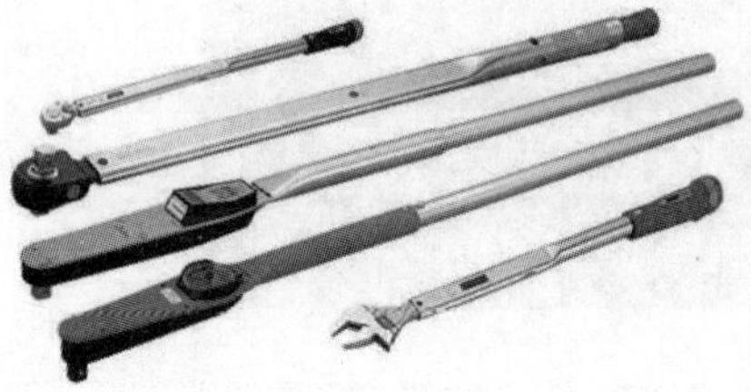

图 1-8

图 1-9

1.3　常用工具及设备

学习地点

车身结构与附件拆装学习工作站。

学习准备

常用拆装工具及设备、多媒体设备及其他相应学习材料。

学习过程

1. 请仔细观察图 1-1 至图 1-9 中的每件工具及设备，独立完成下表。

序号	工具(设备)名称	规格	基本用途	使用注意事项

续表

序号	工具(设备)名称	规格	基本用途	使用注意事项

2. 拆解棘轮扳手,经小组讨论后试说明其工作原理及日常维护方法。

3. 阅读车身拆装专用工具或设备的介绍说明,试描述它们的优势。在实际生活或工作中,你有何新的想法能使我们的生活或工作更加的便捷和高效?

1.4 考核评价

学习地点

车身结构与附件拆装学习工作站。

学习准备

多媒体设备及其他相应学习材料等。

学习过程

1.4.1 考核

(一)单项选择题

(1)下面关于工作安全的叙述,错误的是(　　)。

A. 操作气动扳手时必须佩戴手套

B. 要使用电动工具开关来开关电源,而不能采用断开电源插头的方式来代替开关

C. 使用扳手紧固或拧松螺栓时,应向里拉动扳手,而尽量避免向外推

D. 使用气动工具紧固轮胎螺栓时,要使用最小功率挡紧固

(2)在拧松螺栓的作业中,应首选(　　)工具。

A. 开口扳手　　　　B. 梅花扳手

C. 套筒扳手　　　　D. 活动扳手

(3)下列(　　)说法是正确的。

A. 电动工具要使用三相插头,并确保插座已连接好保护零线

B. 当需要更大的力量时,可用一根管子将扳手的手柄延长

C. 使用两用扳手紧固螺栓时,先用开口端,然后再用梅花端

D. 使用活动扳手时,可向任何一个方向转动用力

(4)紧固或拆卸制动等液压管路时应选用(　　)工具。

A. 开口扳手　　B. 专用扳手

C. 套筒扳手　　D. 活动扳手

(5)下列工具的示范使用示意图中,操作正确的是(　　)。

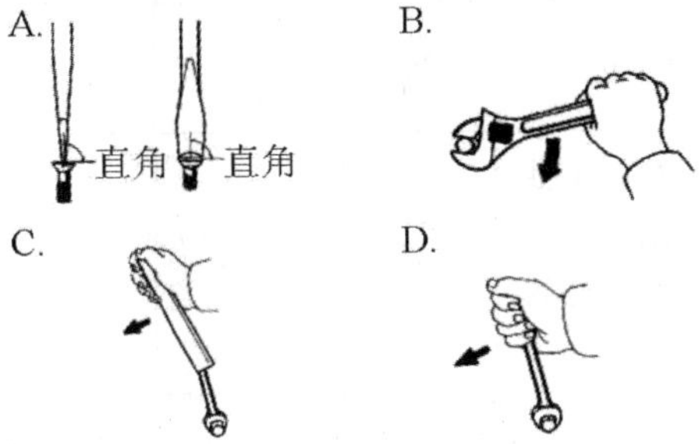

(二)判断题(正确的打"√",错误的打"×")

(1)使用气动工具时,在没有风动套筒的情况下,可以使用普通套筒代替。(　　)

(2)在没有合适工具的情况下,可使用钳子代替扳手旋拧螺栓、螺母。(　　)

(3)可以使用锤子锤击通心螺丝刀、振动螺钉,达到便于拆卸的目的。(　　)

(4)工具车顶部设有工作台,操作时可在其工作台上临时放置工具。(　　)

(5)斜口钳也称剪钳,可用于剪切较细的铁丝、钢丝等金属丝及车上的各类导线。(　　)

1.4.2　评价总结

1. 通过本项目的学习,你有哪些收获?

2. 根据下列评价表,看看自己的表现。

考核项目	评分标准	分数	学生自评(权数0.1)	小组互评(权数0.2)	教师评价(权数0.7)	小计
活动参与	是否积极主动	5				
团队合作	是否和谐	5				

续表

考核项目	评分标准	分数	学生自评 (权数0.1)	小组互评 (权数0.2)	教师评价 (权数0.7)	小计
安全防范	有无安全隐患	10				
工作态度	态度是否端正	20				
工作过程	1. 是否做了作业前的准备工作 2. 回答问题是否正确	40				
任务完成情况	是否圆满完成	10				
场地清理	场地是否整洁,工具设备是否归位	10				
	总分	100				
教师签名:			年　　月	日	得分:	

3. 写下此时你最想对自己说的一句话。

4. 教师评语。

项目 2　了解典型轿车车身结构

2.1　项目指导

2.1.1　项目描述

轿车车身既是保护乘员和行李的工具,也是汽车的主要承载部件,更是技术与艺术有机结合的结晶。了解不同类型的典型车身结构对于日后车身维修工作起着至关重要的作用。同学们将在指导老师的带领下,利用 18 课时的时间,在车身结构与附件拆装学习工作站,对典型轿车车身前部、中部、后部结构组成进行一一认知。同学们应记录已完成的工作,自觉保持作业安全,遵守实训管理条例并确保符合“8S”管理的工作要求。

2.1.2　学习目标

同学们在教师的指导下借助工作页、视频等资料,了解汽车制造工艺流程,掌握非承载式和承载式车身的结构组成和特点,车身“吸能”措施的具体应用,各部件的连接方式及防腐处理方式等。

对已完成的任务进行记录、存档、评价及反馈。

2.1.3　学习重点及难点

学习重点:掌握承载式车身的结构组成及特点。

学习难点:车身“吸能”措施的设计理念。

2.1.4　实训步骤及要求

1. 同学们进入工作站时,要认真、仔细阅读相关安全要求与说明,严格按照安全防护要求着装,并按老师的要求安全作业,否则有可能会由于违反安全作业规程造成身体或设备的损伤。

2. 在老师的指导和讲解下,同学们应仔细观察爱丽舍和毕加索白色车身前部、中部和后部各部件的组成,能大致记住它们的名称、连接方式及特点。

3. 进行小组讨论,独立完成工作页相关内容。

2.2 资料收集

学习地点

车身结构与附件拆装学习工作站。

学习准备

多媒体设备及其他相应学习材料等。

学习过程

1. 观察图 2－1 至图 2－10，看你能认识哪些类型的车身结构。

图 2－1

图 2－2

图 2－3

图 2－4

图 2－5

图 2－6

图 2－7

图 2－8

图 2－9

图 2－10

2. 经过小组讨论后，独立完成下表中的问题。

方式	引导问题	结论
独立完成	轿车车身的功用有哪些？	
独立完成	非承载式车身结构有何特点？	
独立完成	承载式车身结构有何特点	

2.3　典型轿车车身结构

学习地点

车身结构与附件拆装学习工作站。

学习准备

爱丽舍白色车身、毕加索白色车身、多媒体设备及其他相应学习材料等。

学习过程

1. 仔细观察爱丽舍及毕加索白色车身，试着画出它们的大致结构。

2. 经过小组讨论后，独立完成下表中的问题。

方式	引导问题	结论
讨论	爱丽舍白色车身与毕加索白色车身有哪些相似点和不同点？	
独立完成	发动机的布置方式对车身结构有何影响？	
独立完成	车门由哪些构件组成？其连接方式是怎样的？	
独立完成	你能找到几种类型的“吸能装置”，这些装置起什么作用？	

2.4 考核评价

学习地点

车身结构与附件拆装学习工作站。

学习准备

多媒体设备及其他相应学习材料。

学习过程

2.4.1 考核

（一）单项选择题

（1）车架式车身的车身通常用(　　)固定在车架上，车身与车间之间有特制橡胶垫块。

A. 焊接的方式　　B. 螺栓的方式　　C. 铆接的方式

(2)车架式车身在受到侧面碰撞时,主要由(　　)吸收能量。

A. 门槛板和车门　　B. 中立柱和门槛板　　C. 纵梁和中间横梁

(3)整体式车身由冲压成不同形状的薄钢板用(　　)连接在一起。

A. 电阻点焊　　B. 铆接方式　　C. 黏结方式

(4)(　　)的安装精度会影响前轮的定位参数。

A. 前挡泥板　　B. 散热器支架　　C. 翼子板

(5)整体式车身防止侧面撞击的主要部件有(　　)。

A. 门槛板和中立柱　　B. 中立柱和地板　　C. 中立柱和车门

(二)判断题(正确的打"√",错误的打"×")

(1)车架是汽车的基础,车身和主要部件都焊接在车架上。(　　)

(2)整体式车身由被冲压成不同形状的薄钢板用电阻点焊连接在一起。(　　)

(3)汽车前后纵梁在生产制造中有特别压制的凹痕,既增加此部位加工硬化的程度,同时加大了纵梁的强度。(　　)

(4)为防止迎面碰撞时乘坐室的损毁,前纵梁均为上弯式,这样在碰撞时所有构件将弯曲并吸收冲击能量。(　　)

(5)行李舱盖的构造类似于发动机罩,由外板、内板和加强梁组成。(　　)

(三)看图填空

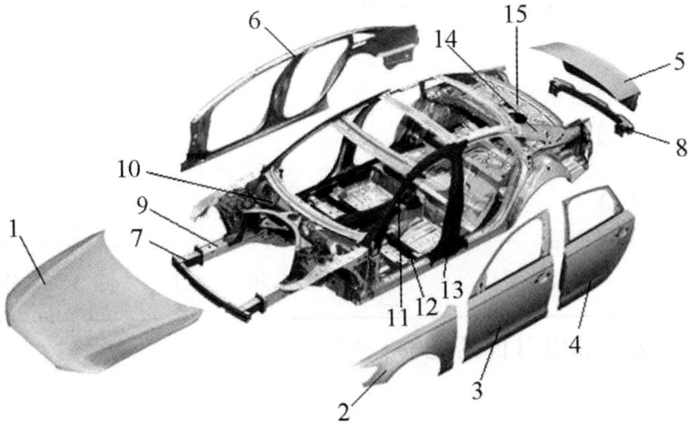

图中:1 为____________;2 为____________;

3 为____________;4 为____________;

5 为____________;6 为____________;

7 为____________;8 为____________;

9 为____________;10 为____________;

11 为____________;12 为____________;

13 为____________;14 为____________;

15 为____________。

2.4.2 评价总结

1. 通过本项目学习，你有哪些收获？

2. 根据下列评价表，看看自己的表现吧。

考核项目	评分标准	分数	学生自评（权数0.1）	小组互评（权数0.2）	教师评价（权数0.7）	小计
活动参与	是否积极主动	5				
团队合作	是否和谐	5				
安全防范	有无安全隐患	10				
工作态度	态度是否端正	20				
工作过程	1. 是否做了作业前的准备工作； 2. 回答问题是否正确	40				
任务完成情况	是否圆满完成	10				
场地清理	场地是否整洁； 工具设备是否归位	10				
总分		100				
教师签名：			年　月　日		得分：	

3. 写下你此时最想对自己说的一句话。

4. 教师评语。

项目 3　拆装与调整前保险杠

3.1　项目指导

3.1.1　项目描述

汽车保险杠是吸收缓和外界冲击力、防护车身前后部的安全装置。据统计,车身前部撞击的概率高达 42.2%,因而前部构件的拆装在实际车身修复中很常见。同学们将在指导老师的带领下,利用 8 课时的时间,在车身结构与附件拆装学习工作站,对前保险杠及其附属件的组成进行实物认知,并使用拆装工具对其进行规范拆装与调整。同学们应记录已完成的工作,自觉保持安全作业,遵守实训管理条例并确保符合“8S”管理的工作要求。

3.1.2　学习目标

同学们在教师的指导下借助工作页、视频等资料,了解并掌握前保险杠的作用、组成零部件及汽车用塑料件的分类及特点,正确选择拆装工具对其进行规范拆装与调整。

对已完成的任务进行记录、存档和评价及反馈。

3.1.3　学习重点及难点

学习重点:正确规范地拆装前保险杠及其附属件。

学习难点:掌握前保险杠间隙面差的调整。

3.1.4　实训步骤及要求

1. 同学们进入工作站时,要认真、仔细阅读相关安全要求与说明,严格按照安全防护要求着装,并按老师的要求安全作业,否则可能会由于违反安全作业规程造成身体或设备的损伤。

2. 作业前的准备工作。

(1) 车辆进入修理工位前,将工位清理干净,准备好相关的工具和材料,如图 3－1 所示。

☞**小提示**:培养良好的工作习惯,做好事前准备,有利于安全操作和提高工作效率。

(2)将车辆停驻在举升机中央位置,如图 3 -2 所示。

☞**小提示**:将车辆停驻在举升机中央位置,为车辆的安全举升做好准备。

图 3 -1

图 3 -2

(3)将变速杆置于空挡或驻车挡(P 挡)位置,如图 3 -3 所示;同时拉起驻车制动器操纵杆,如图 3 -4 所示。

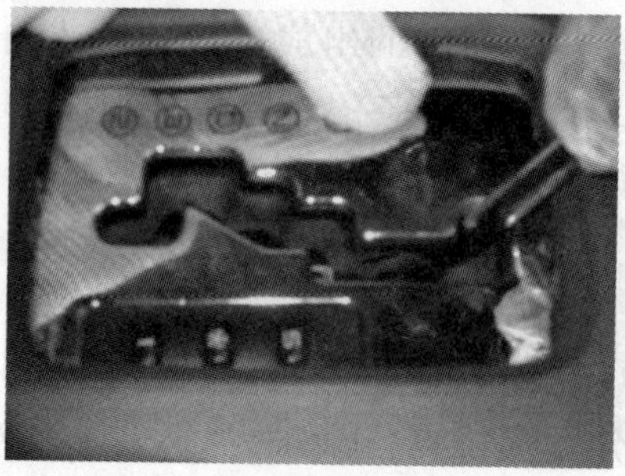

图 3 -3

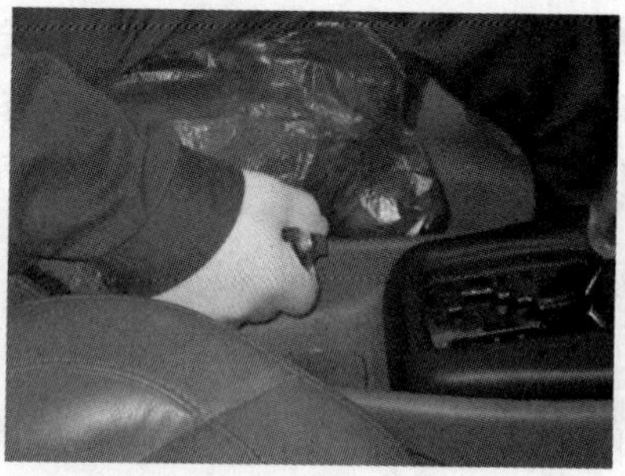

图 3 -4

☞**小提示**:为保证车辆在工位上的可靠停驻,防止出现溜滑,造成安全事故,要将变速杆置于空挡或驻车挡(P 挡)位置,同时拉紧驻车制动器。

(4)套上转向盘套、座椅套、变速杆手柄套、驻车制动器操纵杆套、铺设脚垫,分别如图 3 -5 至图 3 -9 所示。

图 3 -5

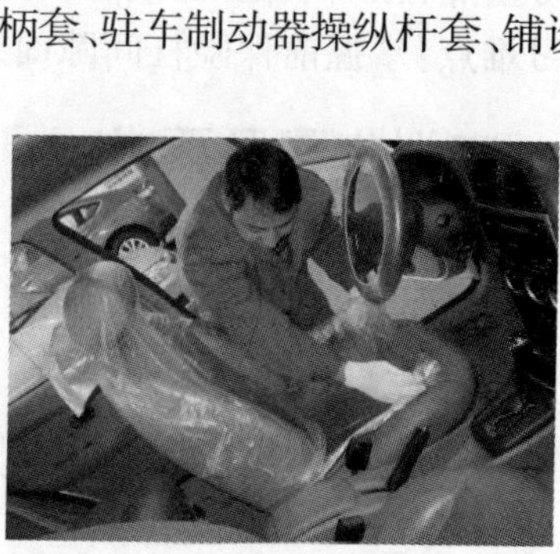

图 3 -6

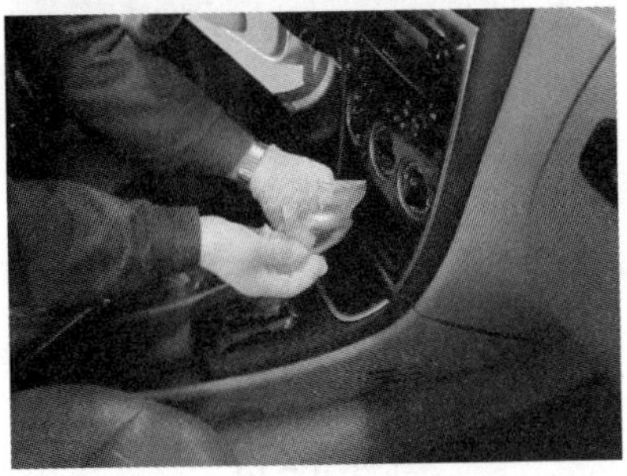

图 3－7

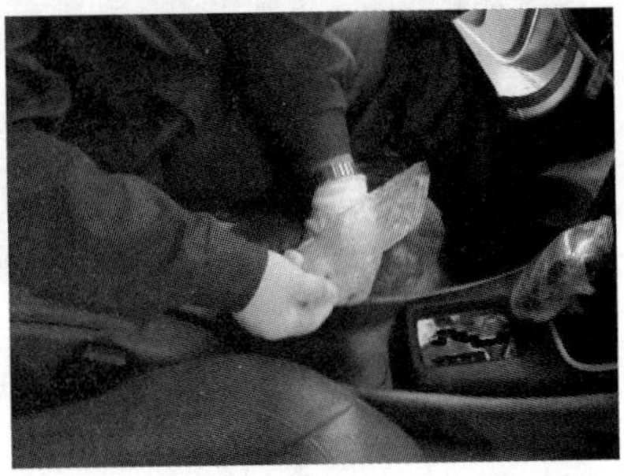

图 3－8

图 3－9

☞**小提示**：为防止污物弄脏驾驶室，需对驾驶室进行简单的防护。

（5）拉动发动机罩开启拉索，扣开安全锁；取下发动机罩支撑杆，将发动机罩可靠支撑，如图 3－10 至图 3－13 所示。

图 3－10

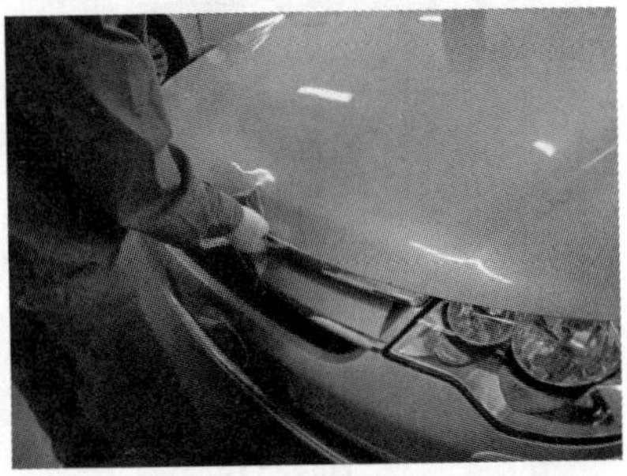

图 3－11

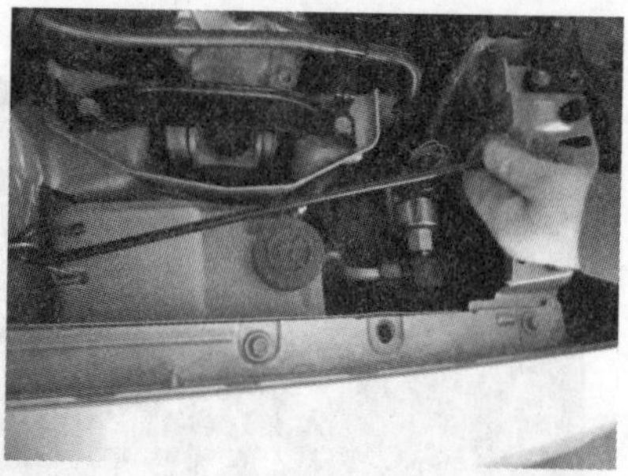

图3-12

图3-13

☞**小提示**:为了方便维修,发动机罩开启的角度可随着支撑杆放置位置的不同而发生改变。如图3-14箭头所指的部位为支撑杆放置的位置。

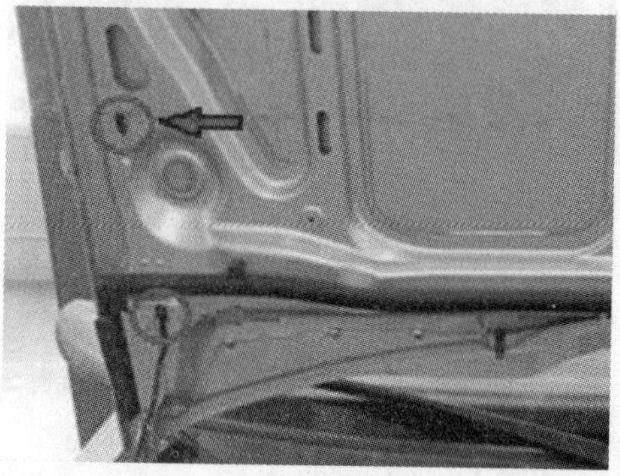

图3-14

(6)安装好左、右前翼子板防护垫,如图3-15和图3-16所示。

图3-15

图3-16

☞**小提示**:为了防止操作过程中不小心划伤车身油漆,还需对相关覆盖件进行防护。

3. 拆卸上格栅固定卡扣及螺钉，如图 3 - 17 和图 3 - 18 所示。

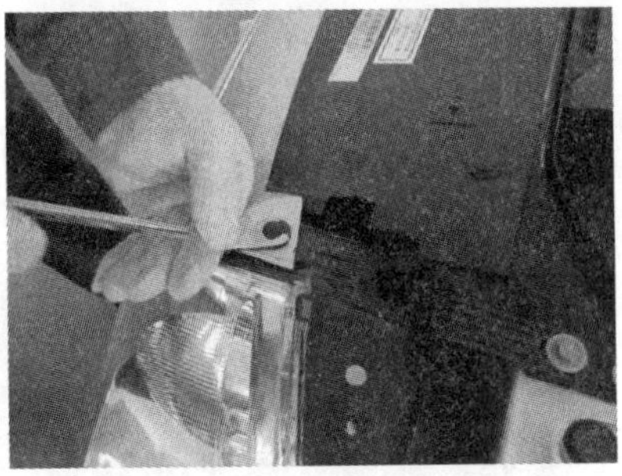

图 3 - 17

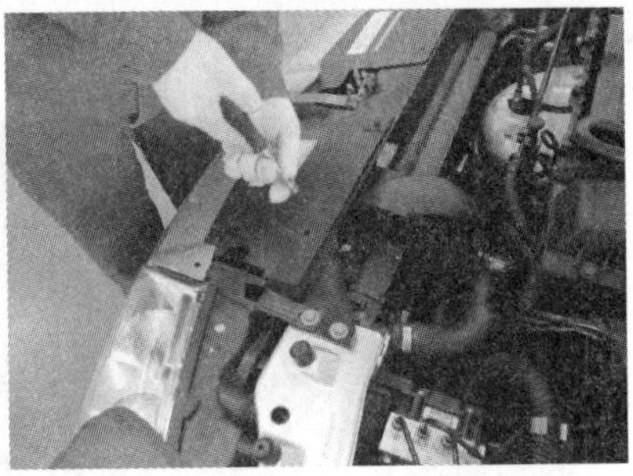

图 3 - 18

4. 使用举升机将车辆按要求举升至合适高度，如图 3 - 19 所示。

图 3 - 19

☞**小提示：**在使用举升机之前一定要先阅读说明书。参阅具体车辆的维修信息，找出推荐的车辆举升点位置。车辆的中心应靠近举升机的中心，以免车辆失衡落下。如果听到异响，则表明车辆可能没有正确支撑，应降下车辆并重新对正车辆和举升机，同时检查安全钩也能保证举升机和车辆不会落下。

5. 拆卸前保险杠底部六角头螺栓和螺钉，分别如图 3 - 20 和图 3 - 21 所示。

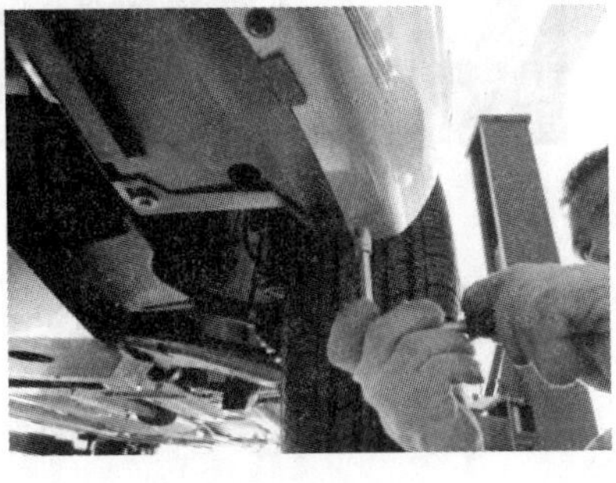

图 3 - 20

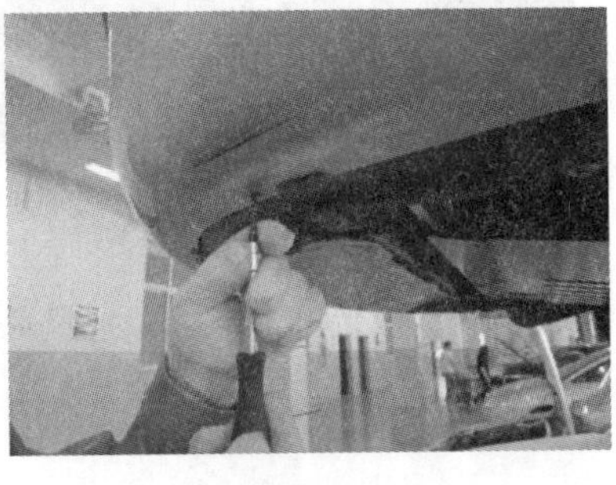

图 3 - 21

6. 拆卸前保险杠固定支架处六角头螺栓，向外稍加用力使左、右前保险杠上边缘与固定支架分离，如图 3－22 和图 3－23 所示。

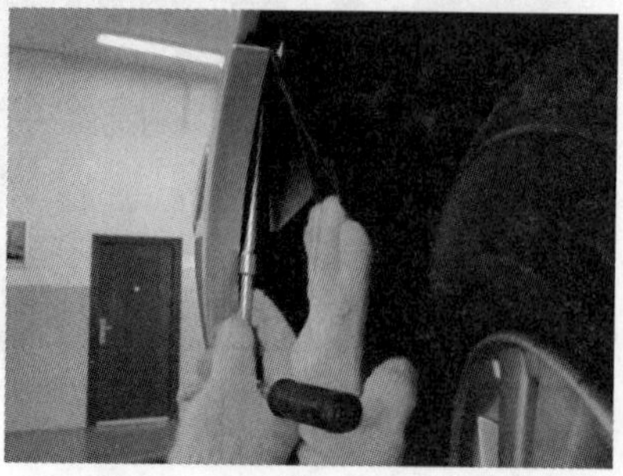

图 3－22

图 3－23

7. 脱开前保险杠，拔下前雾灯插头，如图 3－24 和图 3－25 所示。

图 3－24

图 3－25

8. 拆卸前保险杠吸能器及挡风板，如图 3－26 和图 3－27 所示。

图 3－26

图 3－27

9. 拆卸前雾灯及前雾灯装饰罩，如图 3－28 和图 3－29 所示。

图 3－28

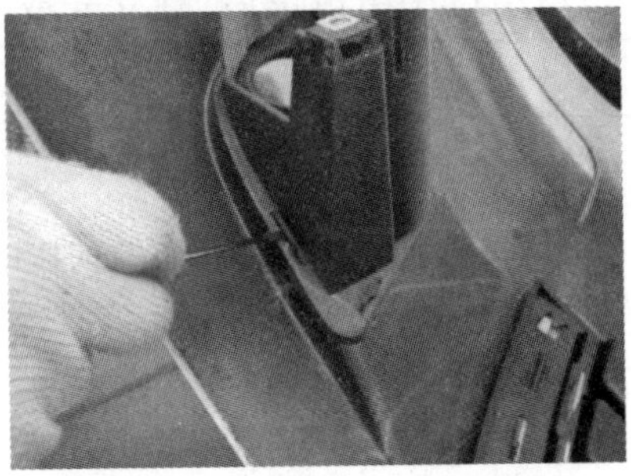

图 3－29

10. 按照拆卸相反的顺序安装前保险杠（注：需两人相互配合完成此项操作）。

11. 使用专用塞尺，按照维修手册的要求调整各部分间隙。

12. 清理工具、清洁工位，如图 3－30 所示。

图 3－30

3.2 资料收集

学习地点

车身结构与附件拆装学习工作站。

学习准备

多媒体设备及其他相应学习材料。

学习过程

1. 经过小组讨论后，独立完成下表中的问题。

方式	引导问题	结论
独立完成	前保险杠有何作用？	
独立完成	汽车用塑料按热性能分可分为哪两类塑料？它们各有什么特点？	
独立完成	作业前应做好哪些准备工作？	

2. 看图识别前保险杠的组成部件（2010 款爱丽舍轿车）。

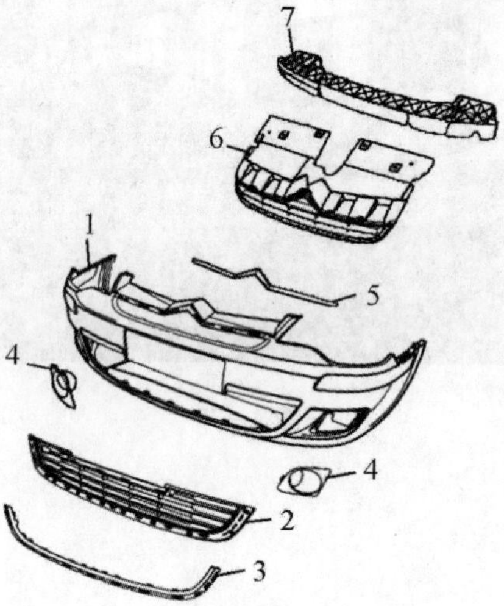

图中：1 为＿＿＿＿＿＿＿＿＿＿＿＿＿＿＿＿＿＿；
2 为＿＿＿＿＿＿＿＿＿＿＿＿＿＿＿＿＿＿；
3 为＿＿＿＿＿＿＿＿＿＿＿＿＿＿＿＿＿＿；
4 为＿＿＿＿＿＿＿＿＿＿＿＿＿＿＿＿＿＿；
5 为＿＿＿＿＿＿＿＿＿＿＿＿＿＿＿＿＿＿；
6 为＿＿＿＿＿＿＿＿＿＿＿＿＿＿＿＿＿＿；
7 为＿＿＿＿＿＿＿＿＿＿＿＿＿＿＿＿＿＿。

3.3 制订、实施计划

学习地点

车身结构与附件拆装学习工作站。

学习准备

2010 款爱丽舍轿车多媒体设备及其他相应学习材料等。

学习过程

3.3.1 制订计划

1. 经过小组讨论后，制订工作计划。

序号	工作步骤	工具及设备的使用	原则、技术标准、规定等	时间控制	备注

续表

序号	工作步骤	工具及设备的使用	原则、技术标准、规定等	时间控制	备注

2. 小组分工。

<table>
<tr><td>任务名称</td><td colspan="6"></td></tr>
<tr><td rowspan="2">职位</td><td rowspan="2">岗位职责</td><td rowspan="2">曾担任职位</td><td colspan="3">评　价</td></tr>
<tr><td>自评</td><td>互评</td><td>师评</td></tr>
<tr><td>组长</td><td>负责整个维修小组的管理、组织工作</td><td></td><td></td><td></td><td></td></tr>
<tr><td>安全员</td><td>负责对工艺流程、安全生产等方面进行监督和检查</td><td></td><td></td><td></td><td></td></tr>
<tr><td>讲解员</td><td>负责解释本组的任务实施方案</td><td></td><td></td><td></td><td></td></tr>
<tr><td>维修员</td><td>负责工具的使用、维护工作并监督整个工艺流程的操作实施</td><td></td><td></td><td></td><td></td></tr>
<tr><td colspan="6">职位包括:维修小组组长 1 人、维修小组安全员 1 人、维修小组讲解员 1 人、维修小组维修员 1 人。每栏按每次担任的职位进行填写;曾担任职位栏打“√”表示;评价一栏按工作态度及完成效果分为 A—优秀;B—良好;C—合格;D—不合格四个档次</td></tr>
</table>

3. 方案检查。

有无重大缺陷或存在不安全因素：□ 有　　□ 无

如果有重大缺陷或存在不安全因素需返回重新讨论并修改，直至教师签字认可。

教师意见：＿＿＿＿＿＿＿＿＿＿＿＿＿＿　教师签字：＿＿＿＿＿＿

3.1.2　计划实施

1. 工位组长合理分配各个小组成员的任务，小组成员间相互协作。
2. 严格按照教师审核后的计划及工艺标准进行操作。
3. 对工作任务完成情况进行自检和互检。
4. 清理场地，确保工具设备归位。
5. 写下此时你最想对自己说的一句话。

3.4　质量检验

学习地点

车身结构与附件拆装学习工作站。

学习准备

多媒体设备及其他相应学习材料。

学习过程

1. 对教师提出的问题进行记录，并寻求解决办法。

序号	存在的问题	存在的原因及解决办法	教师的评价

2. 观看老师的操作演示，记录操作要点，按规范工艺流程进行练习。

3.5 考核评价

学习地点

车身结构与附件拆装学习工作站。

学习准备

多媒体设备及其他相应学习材料等。

学习过程

3.5.1 考核

1. 单项选择题

(1) 目前轿车的前保险杠一般采用(　　)制作。

A. 钢、铁合金　　B. 木质　　C. 塑料

(2) 下列描述热塑性塑料的特点不正确的是(　　)。

A. 加热后会变软

B. 会起泡

C. 可重复加热和冷却，其性质不会改变

(3) 拆卸膨胀式塑料铆钉时应使用(　　)将其撬起。

A. 平口螺丝刀　　B. 尖嘴钳　　C. 塑料卡扣拆卸器

(4) 2010 款爱丽舍轿车的前保险杠下进气格栅是(　　)上去的。

A. 焊接　　B. 铆接　　C. 螺钉连接

(5) 前保险杠一般是和(　　)固定在一起的。

A. 发动机罩　　B. 翼子板　　C. 挡泥板

2. 判断题(正确的打"√"，错误的打"×")

(1) 塑料保险杠的设计可大大降低乘客受伤的程度。　(　　)

(2) 热固性塑料破损时可使用热空气塑料焊枪进行焊接修复。　(　　)

(3) 车辆停在工位上时要将变速杆置于空挡或驻车挡(P 挡)位置，同时拉紧驻车制动器。　(　　)

(4) 千斤顶只能作为暂时举升车辆时使用。　(　　)

(5) 更换新的前保险杠时只需一人安装即可。　(　　)

3.5.2 评价总结

1. 通过分析其他小组的整体表现,找出对自己小组有帮助的地方。

2. 如果愿意吸取别人的优点,你可以重新确认你的工作步骤。

3. 通过本项目的学习,你有哪些收获?

4. 根据下列评价表,看看自己的表现。

考核项目	评分标准	分数	学生自评(权数0.1)	小组互评(权数0.2)	教师评价(权数0.7)	小计
团队合作	是否和谐	5				
活动参与	是否积极主动	5				
任务方案	是否正确、合理	10				
安全生产	有无安全隐患	10				
工作态度	态度是否端正	20				
工作过程	1. 是否做了作业前的准备工作; 2. 拆装过程是否规范; 3. 间隙面差调整是否到位; 4. 回答问题是否正确	30				

续表

考核项目	评分标准	分数	学生自评(权数0.1)	小组互评(权数0.2)	教师评价(权数0.7)	小计
任务完成情况	是否圆满完成	5				
工具使用情况	是否符合规范标准	5				
场地清理	场地是否整洁,工具设备是否归位	10				
总分		100				
教师签名:		年 月 日			得分:	

5.写下此时你最想对自己说的一句话。

6.教师评语。

项目4　拆装与调整前照明灯

4.1　项目指导

4.1.1　项目描述

汽车在夜间或能见度较低的条件下行驶，很容易发生交通事故。前照明灯一旦密封不严就可能会导致进灰、进水或者灯泡烧蚀等情况发生，这些都会给行车带来危险。同学们将在指导老师的带领下，利用8课时的时间，在车身结构与附件拆装学习工作站，对前照明灯的组成进行实物认知并使用拆装工具对其进行规范拆装与调整。同学们应记录已完成的工作，自觉保持安全作业，遵守实训管理条例并确保符合"8S"管理的工作要求。

4.1.2　学习目标

同学们在教师的指导下借助工作页、视频等资料，了解并掌握前照明灯的作用、分类、组成零部件以及灯光组合开关的使用方法等，正确选择拆装工具及设备对前照明灯进行规范拆装与调整。

对已完成的任务进行记录、存档、评价用反馈。

4.1.3　学习重点及难点

学习重点：正确规范地拆装前照明灯及其附属件。

学习难点：熟练使用灯光调整仪正确调整灯光光束。

4.1.4　实训步骤及要求

1. 同学们进入工作站时，要认真、仔细阅读相关安全要求与说明，严格按照安全防护要求着装，并按老师的要求安全作业，否则可能会由于违反安全作业规程造成身体或设备的损伤。

2. 完成作业前的准备工作。

3. 规范拆卸前保险杠。

4. 拆卸前照明灯总成。

(1)拆卸前照明灯上固定螺栓(图4-1)。

(2)拆卸前照明灯下固定螺栓(图4－2)。

(3)双手拔出前照明灯(图4－3)。

(4)拔下插头(图4－4)。

图4－1

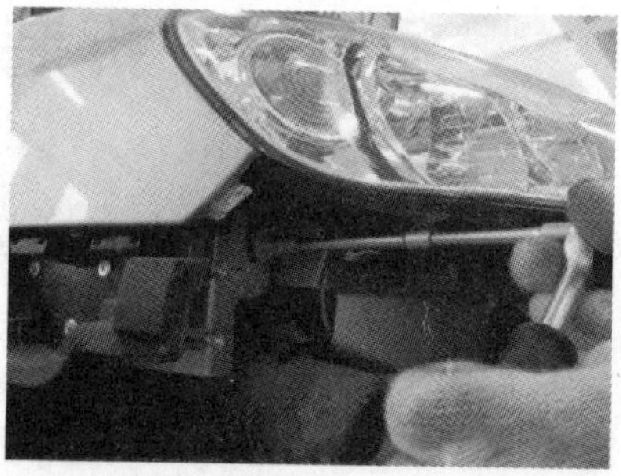

图4－2

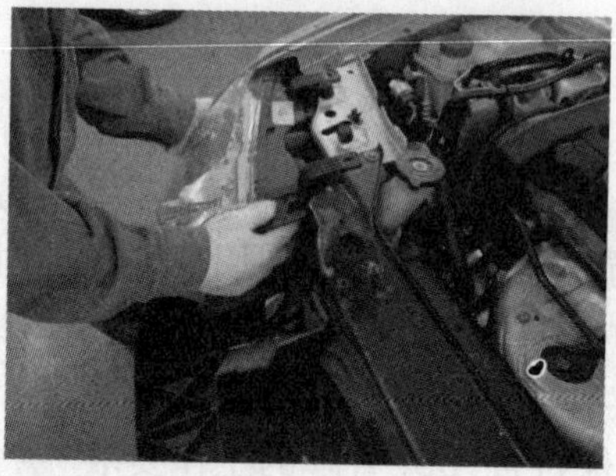

图4－3

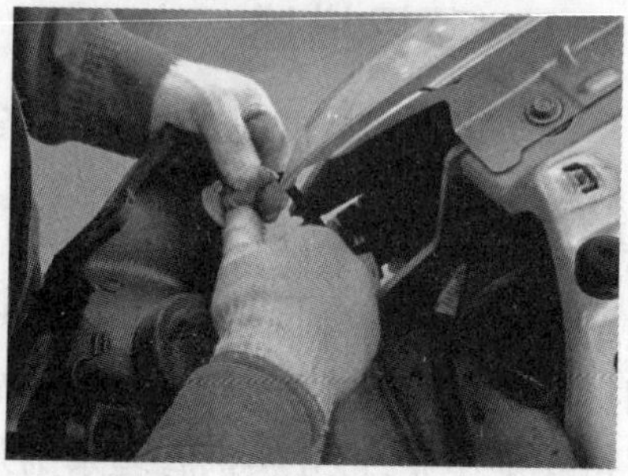

图4－4

5. 拆卸前转向灯泡。取下前转向灯泡总成(图4－5),逆时针转动转向灯泡(图4－6)。

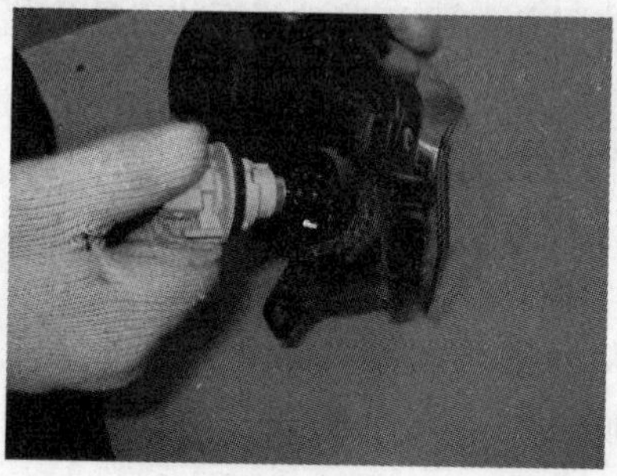

图4－5

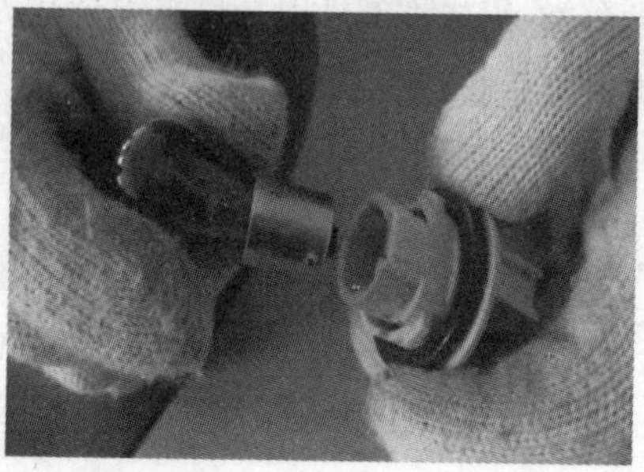

图4－6

☞**小提示**:在没有拆卸前照明灯总成的情况下,如果仅仅只是更换前转向灯泡(图4－7),则方法为:将转向盘向更换转向灯相反的方向转到极限;打开前挡泥板前侧的活动盖板(按压卡扣并向后拉);手从活动盖板开口处向前伸入,不拔电线插头,直接逆时针转动转向灯座45°角,取出灯座;轻轻向里按压并转动灯泡,取出灯泡并更换;按相反的程序安装并检查是否到位。

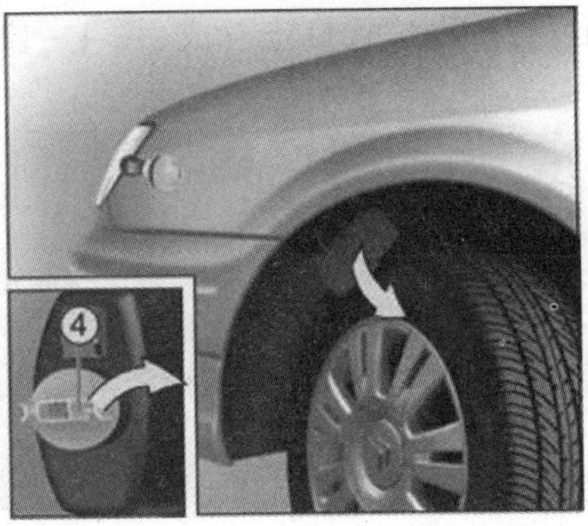

图 4-7

6. 拆卸近光远光灯泡。

(1)拆下防尘盖(图 4-8)。

(2)拔下近光灯或远光灯插头(图 4-9)。

(3)按压钢丝卡夹的头部并松开卡夹(图 4-10)。

(4)取下近光灯灯泡或远光灯泡(图 4-11)。

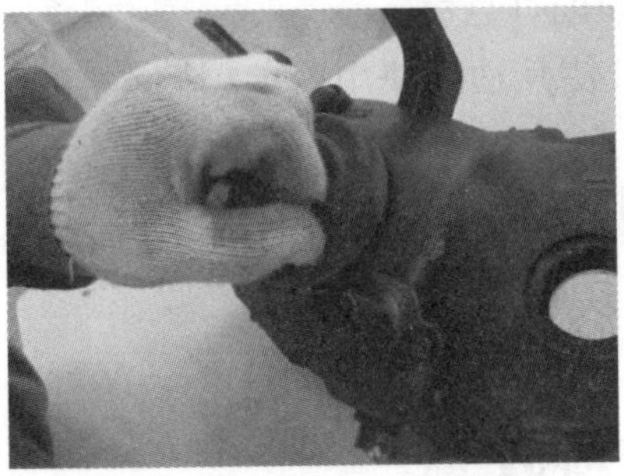

图 4-8

图 4-9

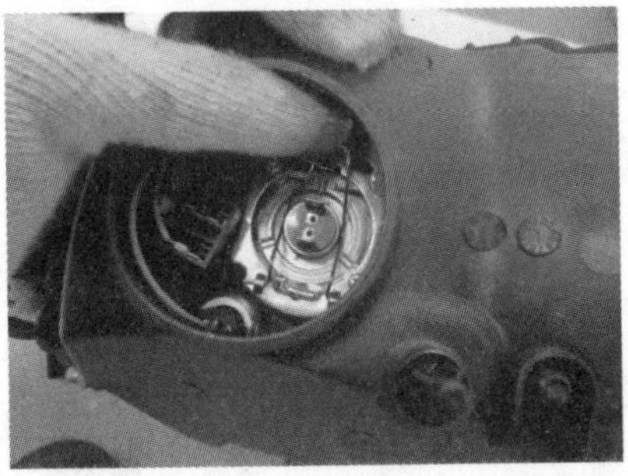

图 4-10

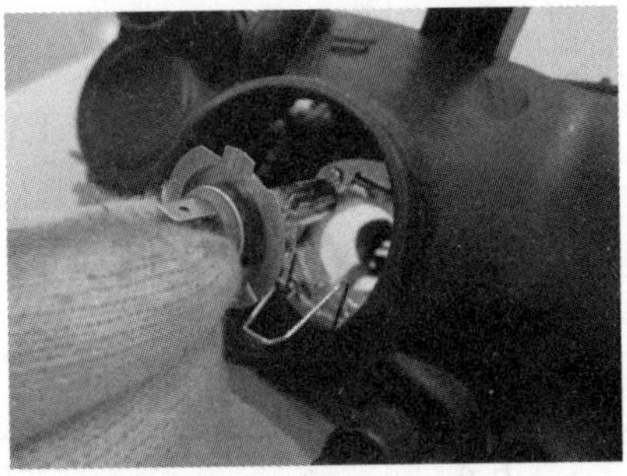

图 4-11

7. 拆卸位置灯泡：先拔出位置灯座总成（图 4－12），再拔出位置灯泡（图 4－13）。

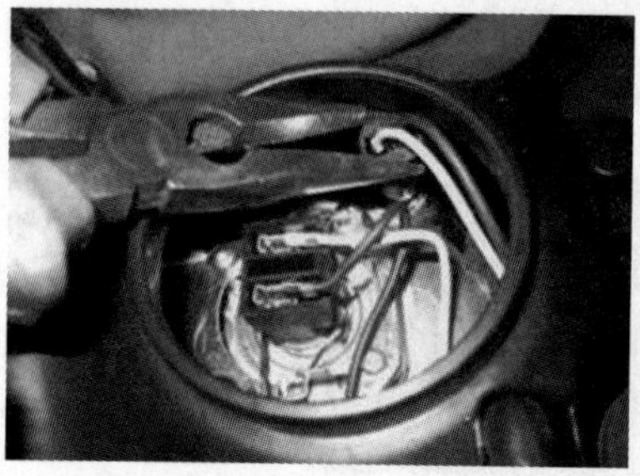

图 4－12

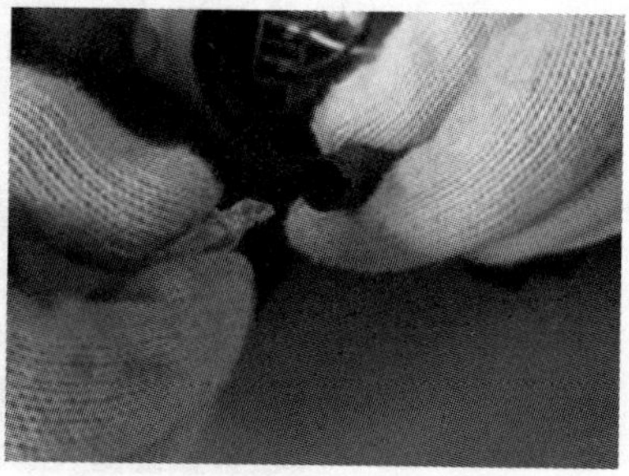

图 4－13

☞**小提示：**卤素灯泡的更换应在关灯后等待几分钟，待灯泡冷却后再进行，千万不要用手直接触摸灯泡，小心被烫伤，可使用没有绒毛的布包裹，取下灯泡。由于前照明灯总成的外壳是塑料件，为了不损坏前照明灯外壳并延长其使用寿命，建议使用防紫外线的灯泡。

8. 按照与拆卸相反的顺序安装前照明灯总成。

9. 使用灯光调整仪调整灯光光束，使其达到使用要求（注：调整灯光时需由指导教师启动车辆）。

10. 按规范要求安装前保险杠并调整间隙。

11. 清理工具，清洁工位。

4.2 资料收集

学习地点

车身结构与附件拆装学习工作站。

学习准备

多媒体设备、相应学习材料等。

学习过程

1. 经过小组讨论后，独立完成下表中的问题。

方式	引导问题	结论
独立完成	前照明灯是如何分类的？	

续表

方式	引导问题	结论
独立完成	前照明灯由哪些零部件组成?	
独立完成	前照明灯灯光为何需要调整?	
独立完成	简述前照明灯不亮的故障检测工艺流程	

2. 观察下图,识别前照明灯灯泡的安装位置(2010 款爱丽舍轿车)。

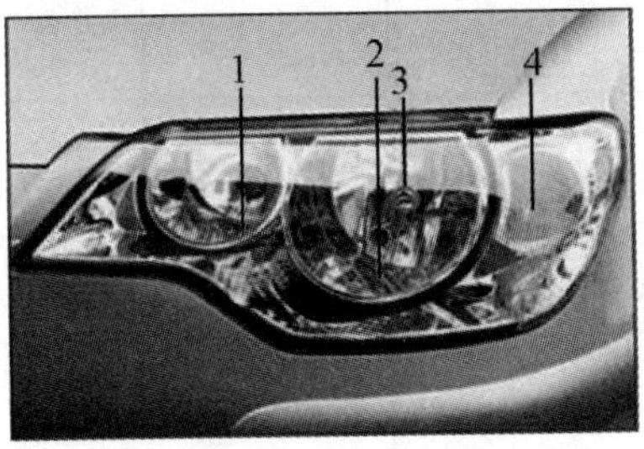

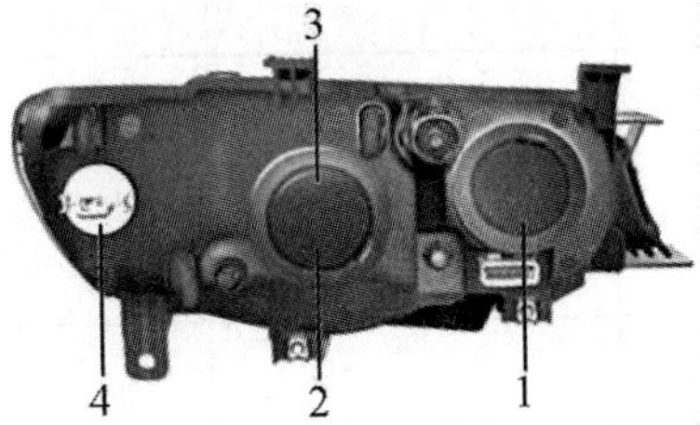

图中:1 为______________________;
2 为______________________;
3 为______________________;
4 为______________________。

4.3 制订、实施计划

学习地点

车身结构与附件拆装学习工作站。

学习准备

2010 款爱丽舍轿车、拆装工具、设备任务指导书与工作页、多媒体设备及其他相应学习材料等。

学习过程

4.3.1 制订计划

1. 经过小组讨论后，制订工作计划。

序号	工作步骤	工具及设备的使用	原则、技术标准、规定等	时间控制	备注

续表

序号	工作步骤	工具及设备的使用	原则、技术标准、规定等	时间控制	备注

2. 小组分工。

任务名称					
职位	岗位职责	曾担任职位	评价		
			自评	互评	师评
组长	负责整个维修小组的管理、组织工作				
安全员	负责对工艺流程、安全生产等方面进行监督和检查				
讲解员	负责解释本组的任务实施方案				

续表

<table>
<tr><td>任务名称</td><td colspan="5"></td></tr>
<tr><td rowspan="2">职位</td><td rowspan="2">岗位职责</td><td rowspan="2">曾担任职位</td><td colspan="3">评　价</td></tr>
<tr><td>自评</td><td>互评</td><td>师评</td></tr>
<tr><td>维修员</td><td>负责工具的使用、维护工作并监督整个工艺流程的操作实施</td><td></td><td></td><td></td><td></td></tr>
<tr><td colspan="6">职位包括:维修小组组长 1 人、维修小组安全员 1 人、维修小组讲解员 1 人、维修小组维修员 1 人。每栏按每次担任的职位进行填写;曾担任职位栏打“√”表示;评价一栏按工作态度及完成效果分为 A—优秀;B—良好;C—合格;D—不合格四个档次</td></tr>
</table>

3. 方案检查。

有无重大缺陷或存在不安全因素:□ 有　　□ 无

如果有重大缺陷或存在不安全因素需返回重新讨论并修改,直至教师签字认可。

教师意见:____________________　教师签字:_________

4.3.2　计划实施

1. 工位组长合理分配各个小组成员的任务,小组成员间相互协作。
2. 严格按照教师审核后的计划及标准工艺流程进行操作。
3. 对工作任务完成情况进行自检和互检。
4. 清理场地,确保工具及设备归位。
5. 写下此时你最想对自己说的一句话。

4.4　质量检验

学习地点

车身结构与附件拆装学习工作站。

学习准备

多媒体设备及其他相应学习材料。

学习过程

1. 对教师提出的问题进行记录,并寻求解决办法。

序号	存在的问题	存在的原因及解决办法	教师的评价

续表

序号	存在的问题	存在的原因及解决办法	老师的评价

2. 观看老师的操作演示,记录操作要点,按规范工艺流程进行练习。

4.5 考核评价

学习地点

车身结构与附件拆装学习工作站。

学习准备

多媒体设备及其他相应学习材料。

学习过程

4.5.1 考核

(一)单项选择题

(1)现在轿车上普遍使用的前照明灯以(　　)为主。

A. 白炽灯　　B. 卤素灯　　C. 氙气灯

(2)车辆夜间行驶在乡间道路时应开启(　　)。

A. 危险报警灯　　B. 雾灯　　C. 远光灯

(3)检查灯泡的钨丝是否熔断时应在(　　)下仔细观察。

A. 亮光处　　　　　B. 暗处　　　　　C. 专用仪器

(4)使用灯光调整仪调整前照明灯时,要求轮胎的气压应调整到(　　)。

A. 高于标准气压　　　　　B. 低于标准气压　　　　　C. 正常气压

(5)当仪表盘“”灯点亮时,表示(　　)已开启。

A. 位置灯　　　　　B. 前雾灯　　　　　C. 后雾灯

(二)判断题(正确的打“√”,错误的打“×”)

(1)前照明灯的作用仅仅只是用来夜间照明道路。　(　　)

(2)氙气灯虽然价格昂贵,但寿命可达普通卤素灯的十倍,因此备受用户青睐。　(　　)

(3)为了照得更远,调整灯光时要将近光调得比标准更高一些才行。　(　　)

(4)只有在位置灯或近光灯开启的状态下,才能通过向驾驶员方向拉动灯光组合开关手柄来实现远光灯的开启。　(　　)

(5)在空气湿度大或洗车后,前照明灯玻璃内表面可能会出现薄薄的一层水汽,这属正常现象。　(　　)

4.5.2　评价总结

1. 通过分析其他小组的整体表现,找出对自己小组有帮助的地方。

2. 如果愿意吸取别人的优点,你可以重新确认自己的工作步骤。

3. 通过本项目的学习,你有哪些收获?

4. 根据下列评价表，看看自己的表现。

考核项目	评分标准	分数	学生自评（权数 0.1）	小组互评（权数 0.2）	教师评价（权数 0.7）	小计
团队合作	是否和谐	5				
活动参与	是否积极主动	5				
任务方案	是否正确、合理	10				
安全生产	有无安全隐患	10				
工作态度	态度是否端正	20				
工作过程	1. 是否做了作业前的准备工作； 2. 拆装过程是否规范； 3. 灯光调整是否到位； 4. 回答问题是否正确	30				
任务完成情况	是否圆满完成	5				
工具使用情况	是否规范标准	5				
场地清理	场地是否整洁，工具设备是否归位	10				
总分		100				
教师签名：		年　月　日		得分：		

5. 写下此时你最想对自己说的一句话。

6. 教师评语。

项目5　拆装前风窗玻璃清洗装置

5.1　项目指导

5.1.1　项目描述

汽车在灰尘较多的环境中行驶时，灰尘飘落在风窗上会影响驾驶员的视线，我们通过前风窗玻璃清洗装置对玻璃进行快速的清洗。当发生风窗玻璃清洗液罐破裂或已无玻璃清洗液、保险丝已熔断、相关电路出现故障、喷水管路或喷嘴堵塞、洗涤泵故障、清洗开关失效等问题时往往就需要对风窗玻璃清洗装置进行拆卸检修。同学们将在指导老师的带领下，利用8课时的时间，在车身结构与附件拆装学习工作站，对前风窗玻璃清洗装置的组成进行实物认知并使用拆装工具对其进行规范拆装。同学们应记录已完成的工作，自觉保持安全作业，遵守实训管理条例并确保符合“8S”管理的工作要求。

5.1.2　学习目标

同学们在教师的指导下借助工作页、视频等资料，了解并掌握风窗玻璃清洗装置的作用、工作原理、零部件组成、雨刮组合开关的使用方法等，正确选择拆装工具对其进行规范拆装。

对已完成的任务进行记录、存档、评价及反馈。

5.1.3　学习重点及难点

学习重点：风窗玻璃清洗装置的构造及拆装方法。

学习难点：掌握风窗玻璃清洗装置的工作原理及故障排除方法。

5.1.4　实训步骤及要求

1. 同学们进入工作站时，要认真、仔细阅读相关安全要求与说明，严格按照安全防护要求着装，并按老师的要求安全作业，否则可能会由于违反安全作业规程造成身体或设备的损伤。

2. 完成作业前的准备工作。

3. 拆卸前雨刮臂总成：先拔开前雨刮臂护罩后（图 5－1），再拆卸前雨刮臂（图 5－2）。

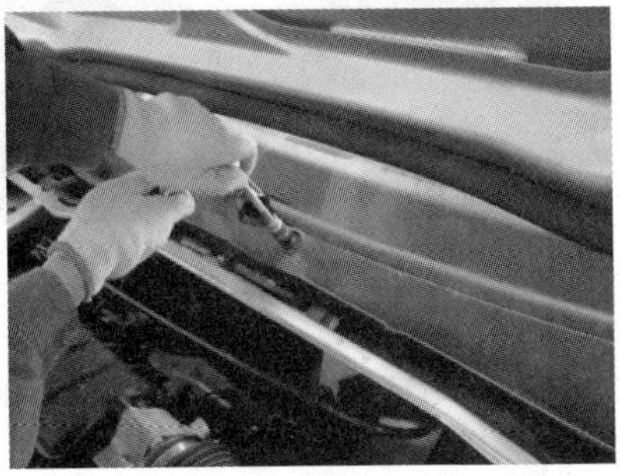

图 5－1

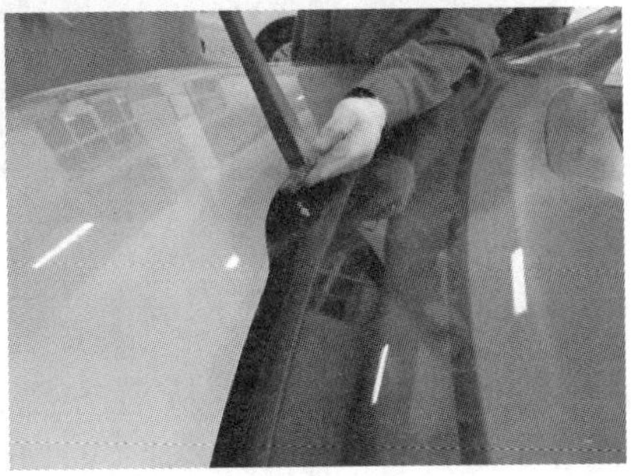

图 5－2

4. 拆卸风窗玻璃前围盖板：先拆下前围盖板固定螺钉后（图 5－3），再取下前围盖板（图5－4）（注：需小心别损坏玻璃饰条和前围盖板的固定夹）。

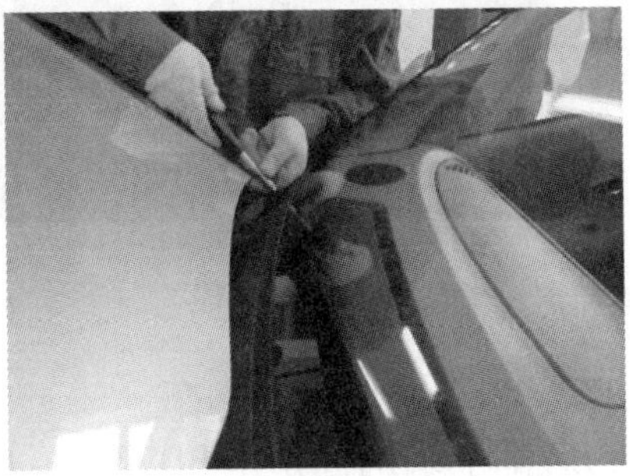

图 5－3

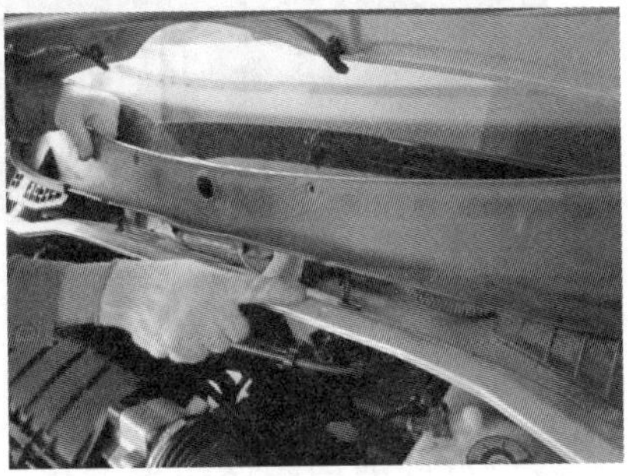

图 5－4

5. 拆卸风窗玻璃清洗液罐加液管：先撬开挡水板（图 5－5），再取下挡水板（图 5－6），然后旋松加液管（图 5－7），最后取下加液管（图 5－8）。

图 5－5

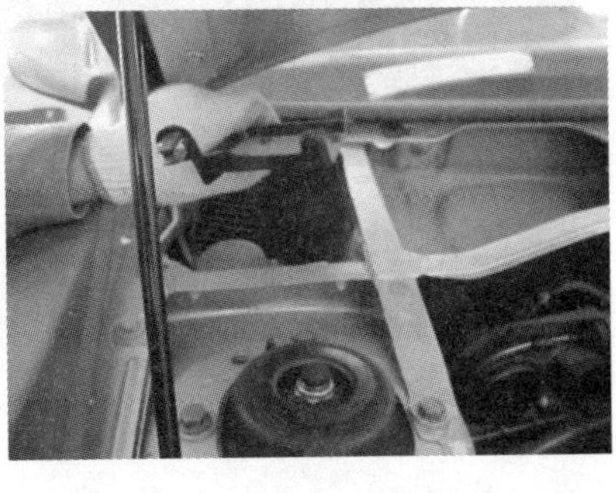

图 5－6

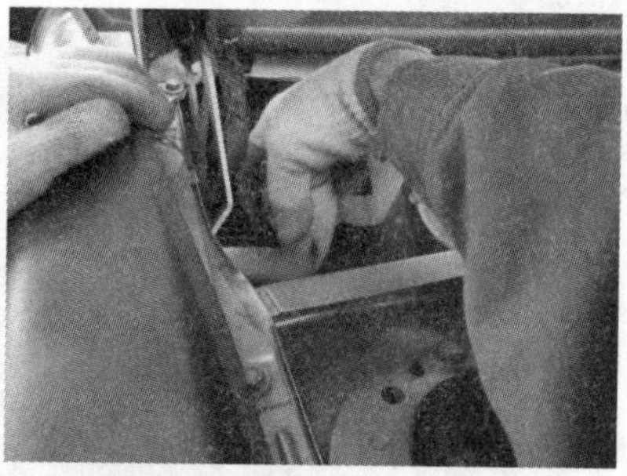

图5-7

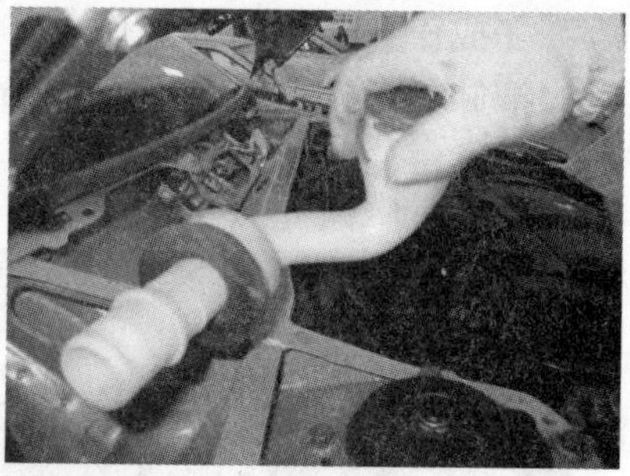

图5-8

6. 拆卸右前侧灯:从后方撬开右前侧灯(图5-9),取下右前侧灯(图5-10)(注:需格外小心,别划伤油漆)。

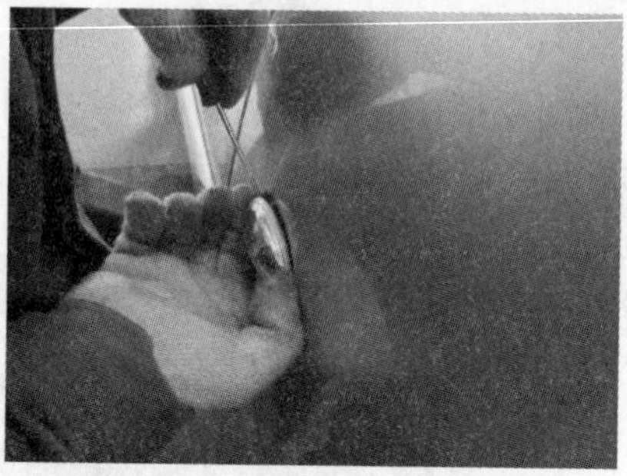

图5-9

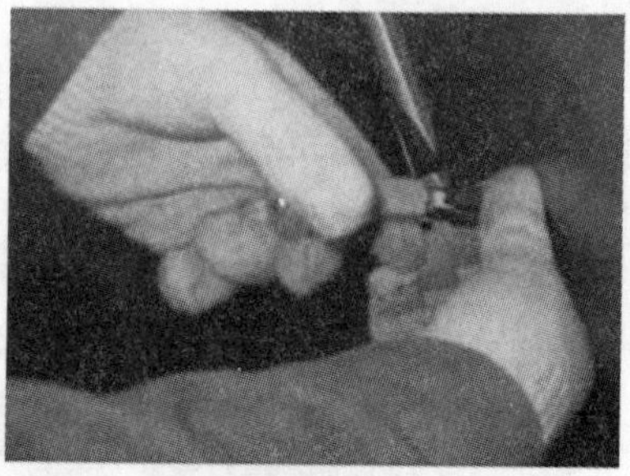

图5-10

7. 拆卸右前挡泥板。

(1)拆卸前挡泥板固定卡扣:先拆卸后部上端的固定卡扣(图5-11),再拆卸后部下端的固定卡扣(图5-12),随后拆卸侧面上端的固定卡扣(图5-13),最后拆卸前部上端的固定卡扣(图5-14)。

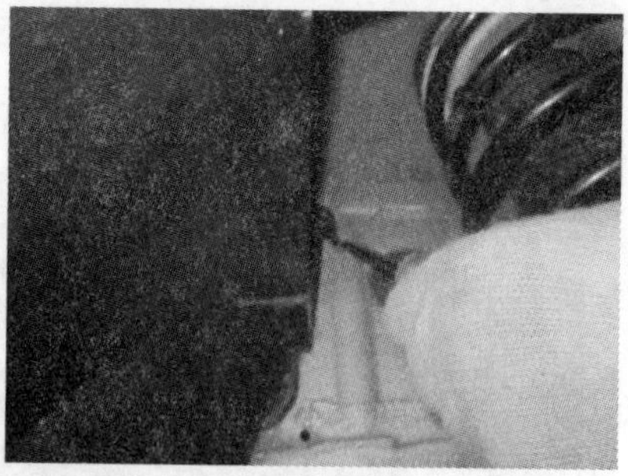

图5-11

图5-12

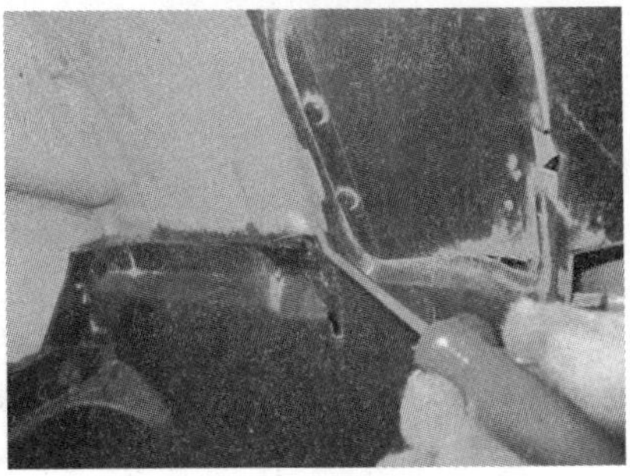

图 5-13

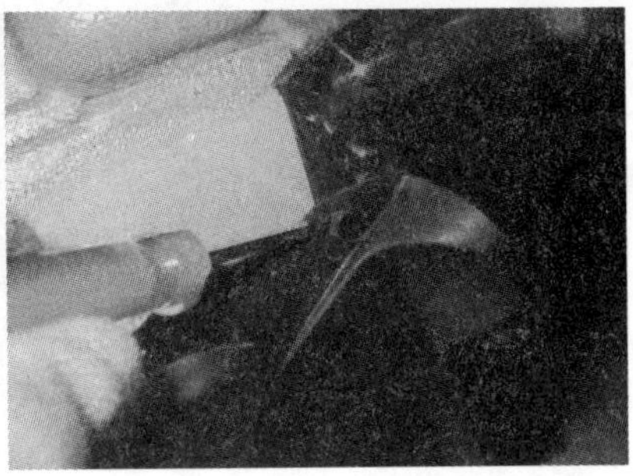

图 5-14

(2)将汽车举升至合适高度，拆下右前挡泥板底部固定螺钉及螺栓，取下右前挡水板，如图 5-15 和图 5-16 所示。

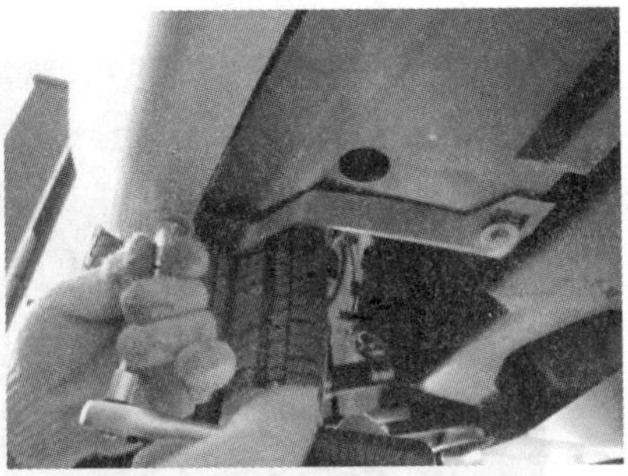

图 5-15

图 5-16

(3)拆下右前挡泥板侧面下端的固定卡扣，取下右前挡泥板，如图 5-17 和图 5-18 所示。

图 5-17

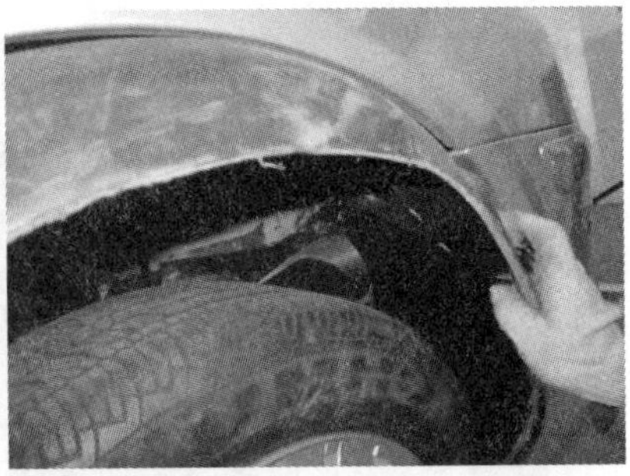

图 5-18

8. 拆卸风窗玻璃清洗液罐。

(1)拆下风窗玻璃清洗液罐下端的固定螺栓及上端的固定螺母，如图 5-19和图 5-20 所示。

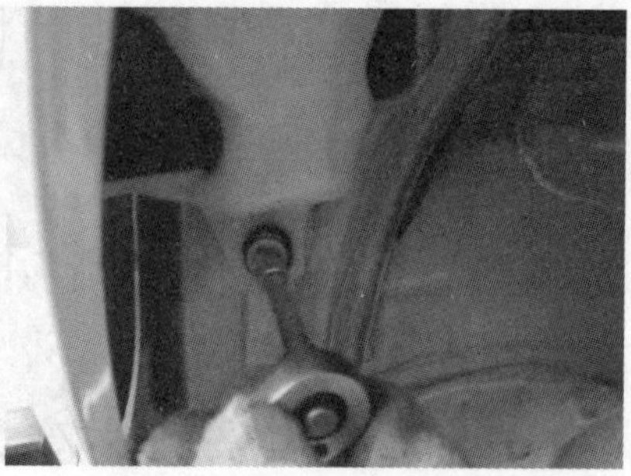

图 5 - 19

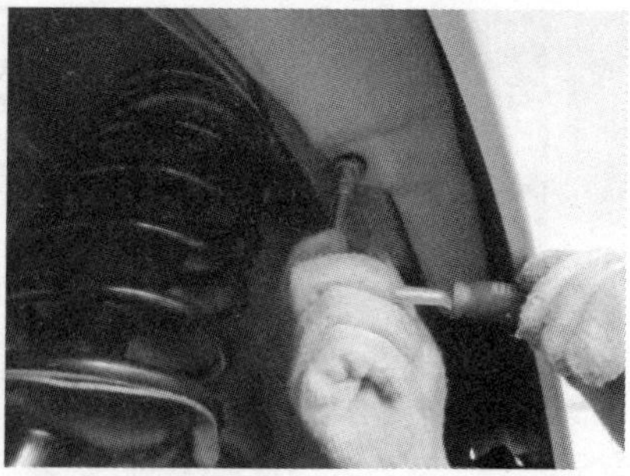

图 5 - 20

(2)拔下洗涤泵插头,倒掉残留的风窗玻璃清洗液,如图 5 - 21 和图 5 - 22 所示。

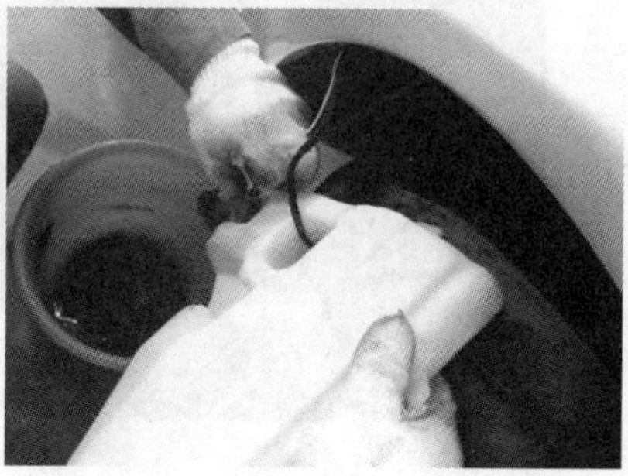

图 5 - 21

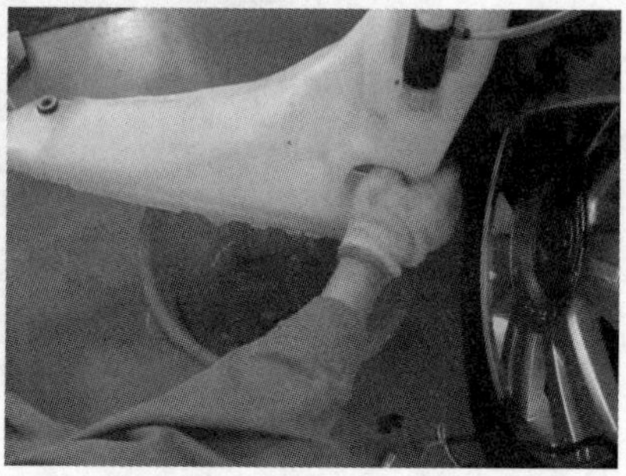

图 5 - 22

(3)拆卸洗涤泵,取下风窗玻璃清洗液罐,如图 5 - 23 和图 5 - 24 所示。

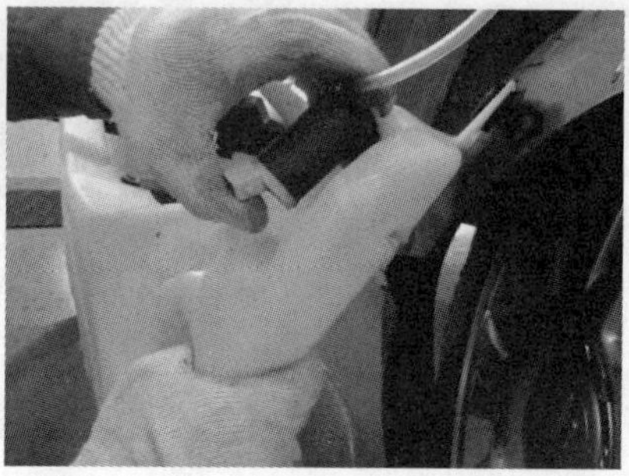

图 5 - 23

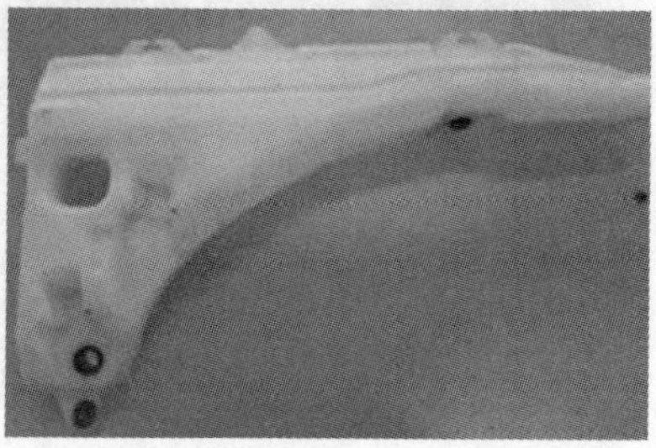

图 5 - 24

9. 拆卸前刮水器总成。

10. 按照拆卸相反的顺序安装回位。

11. 清理工具,清洁工位。

5.2 资料收集

学习地点

车身结构与附件拆装学习工作站。

学习准备

多媒体设备及其他相应学习材料。

学习过程

1. 经过小组讨论后，独立完成下表中的问题。

方式	引导问题	结论
独立完成	风窗玻璃清洗装置的作用是什么，其工作原理是什么？	
独立完成	2010 款爱丽舍轿车雨刮组合开关如何使用？	
独立完成	风窗玻璃清洗装置的故障检测工艺流程	

2. 看图识别前保险杠的组成部件（2010 款爱丽舍轿车）。

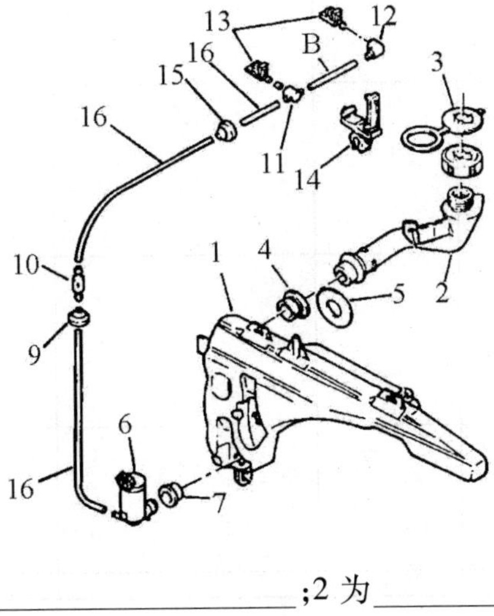

图中：1 为________________；2 为________________；

3 为________________；4 为________________；

5 为____________________;6 为____________________;
7 为____________________;8 为____________________;
9 为____________________;10 为____________________;
11 为____________________;12 为____________________;
13 为____________________;14 为____________________;
15 为____________________;16 为____________________。

5.3　制订、实施计划

学习地点

车身结构与附件拆装学习工作站。

学习准备

2010 款爱丽舍轿车、拆装工具、多媒体设备及其他相应学习材料。

学习过程

5.3.1　制订计划

1. 经过小组讨论后,制订工作计划。

序号	工作步骤	工具及设备的使用	原则、技术标准、规定等	时间控制	备注

续表

序号	工作步骤	工具及设备的使用	原则、技术标准、规定等	时间控制	备注

2. 小组分工。

任务名称					
职位	岗位职责	曾担任职位	评价		
			自评	互评	师评
组长	负责整个维修小组的管理、组织工作				
安全员	负责对工艺流程、安全生产等方面进行监督和检查				
讲解员	负责解释本组的任务实施方案				
维修员	负责工具的使用、维护工作并监督整个工艺流程的操作实施				
职位包括:维修小组组长 1 人、维修小组安全员 1 人、维修小组讲解员 1 人、维修小组维修员 1 人。每栏按每次担任的职位进行填写;曾担任职位栏打“√”表示;评价一栏按工作态度及完成效果分为 A—优秀;B—良好;C—合格;D—不合格四个档次					

3. 方案检查。

有无重大缺陷或存在不安全因素:□ 有　　□ 无

如果有重大缺陷或存在不安全因素需返回重新讨论并修改,直至教师签字认可。

教师意见:____________________　教师签字:________

5.3.2　计划实施

1. 工位组长合理分配各个小组成员的任务,小组成员间相互协作。
2. 严格按照教师审核后的计划及工艺标准进行操作。
3. 对工作任务完成情况进行自检和互检。
4. 清理场地,确保工具设备归位。
5. 写下你此时最想对自己说的一句话。

5.4　质量检验

学习地点

车身结构与附件拆装学习工作站。

学习准备

多媒体设备及其他相应学习材料等。

学习过程

1. 对教师提出的问题进行记录，并寻求解决办法。

序号	存在的问题	存在的原因及解决办法	教师的评价

2. 观看老师的操作演示，记录操作要点，按规范工艺流程进行练习。

5.5 考核评价

学习地点

车身结构与附件拆装学习工作站。

学习准备

多媒体设备及其他相应学习材料等。

学习过程

5.5.1 考核

(一)单项选择题

(1)风窗玻璃清洗液罐一般都安装在发动机舱的(　　)。

A. 左侧　　B. 右侧　　C. 上部

(2)清洗前风窗玻璃时将雨刮组合开关(　　)。

A. 向上拨　　B. 向下拨　　C. 朝驾驶员方向拉

(3)更换新的风窗玻璃清洗液罐后应及时添加(　　)。

A. 自来水　　B. 蒸馏水　　C. 玻璃清洗液

(4)洗涤泵通常安装于储液罐的下部,其电力由(　　)供给。

A. 蓄电池　　B. 行车电脑　　C. 发动机

(5)为保证前刮刷清洁效果,一般(　　)需更换一次。

A. 三个月　　B. 六个月　　C. 一年

(二)判断题(正确的打"√",错误的打"×")

(1)豪华型轿车风窗玻璃清洗装置除了能清洗风窗玻璃外还可清洗前照明灯。(　　)

(2)风窗玻璃清洗液罐由塑料制成,容量通常为10L左右。(　　)

(3)在环境温度低于0℃时,应使用防冻型洗涤液。(　　)

(4)将雨刮组合开关向下拉一次可实现刮刷扫一个来回后停止。(　　)

(5)一般情况下如果风窗玻璃清洗装置出现不喷水了,首先应检查洗涤泵是否出现了故障。(　　)

5.5.2 评价总结

1. 通过分析其他小组的整体表现,找出对自己小组有帮助的地方。

2. 如果愿意吸取别人的优点,你可以重新确认你的工作步骤。

3. 通过本项目学习，你有哪些收获？

4. 根据下列评价表，看看自己的表现。

考核项目	评分标准	分数	学生自评（权数0.1）	小组互评（权数0.2）	教师评价（权数0.7）	小计
团队合作	是否和谐	5				
活动参与	是否积极主动	5				
任务方案	是否正确、合理	10				
安全生产	有无安全隐患	10				
工作态度	态度是否端正	20				
工作过程	1. 是否做了作业前的准备工作； 2. 拆装过程是否规范； 3. 回答问题是否正确	30				
任务完成情况	是否圆满完成	5				
工具使用情况	是否规范标准	5				
场地清理	场地是否整洁，工具设备是否归位	10				
总分		100				
教师签名：			年　　月　　日		得分：	

5. 写下你此时最想对自己说的一句话。

6. 教师评语。

项目 6　拆装后视镜

6.1　项目指导

6.1.1　项目描述

汽车后视镜帮助驾驶者可以间接看清楚汽车后方、侧方和下方位置的情况，它起着“第二只眼睛”的作用，扩大了驾驶者的视野范围。汽车后视镜属于重要安全部件，它的镜面、外形和操纵都颇有讲究。后视镜的质量及安装都有相应的行业标准，不能随意更改。同学们将在指导老师的带领下，利用 8 课时的时间，在车身结构与附件拆装学习工作站，对后视镜的组成进行实物认知并使用拆装工具对其进行规范拆装。同学们应记录已完成的工作，自觉保持安全作业，遵守实训管理条例并确保符合“8S”管理的工作要求。

6.1.2　学习目标

同学们在教师的指导下借助工作页、视频等资料，了解并掌握后视镜的作用、分类、主要特点、零部件组成及调整方法等，正确选择拆装工具对其进行规范拆装。

对已完成的任务进行记录、存档、评价及反馈。

6.1.3　学习重点及难点

学习重点：外后视镜的构造及拆装方法。

学习难点：掌握后视镜的分类及特点。

6.1.4　实训步骤及要求

1. 同学们进入工作站时，要认真、仔细阅读相关安全要求与说明，严格按照安全防护要求着装，并按老师的要求安全作业，否则可能会由于违反安全作业规程造成身体或设备的损伤。

2. 完成作业前的准备工作。

3. 拆卸内手柄护罩和外后视镜内装饰罩，如图 6－1 和图 6－2 所示。

图 6－1

图 6－2

4. 拆卸前扬声器：先拆卸扬声器护罩（图 6－3），再拆卸扬声器固定螺钉（图 6－4），然后拆卸圆形卡环（图 6－5），最后取下扬声器（图 6－6）。

注：可不必拆下固定前扬声器的圆形卡环。

图 6－3

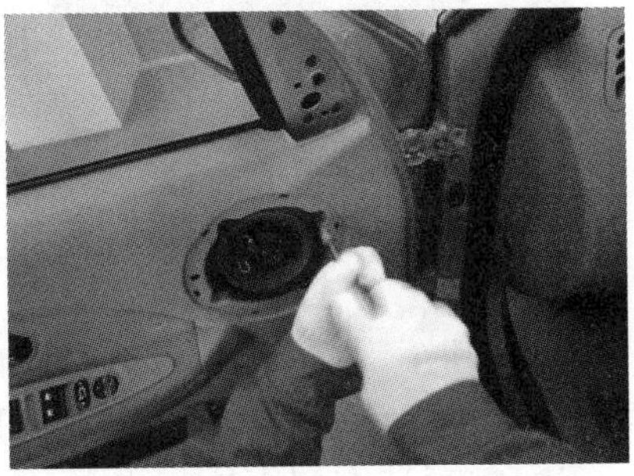

图 6－4

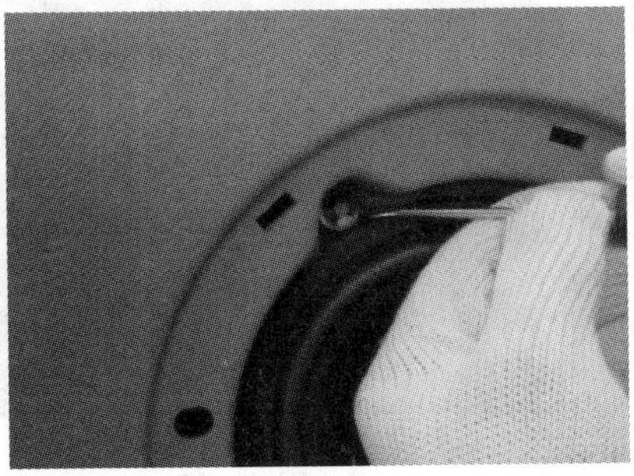

图 6－5

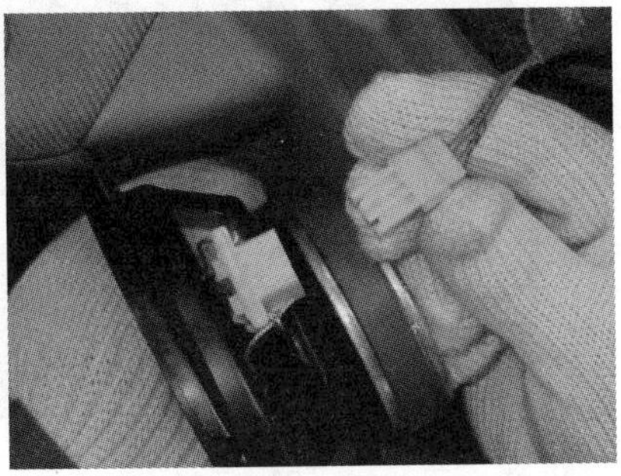

图 6－6

5. 拆卸拉手盒：先拆卸拉手盒固定螺钉（图 6－7），再撬起拉手盒（图 6－8），再松开拉手盒（图 6－9），最后取下拉手盒（图 6－10）。

注：需格外小心别折断拉手盒的倒卡。

图 6 –7

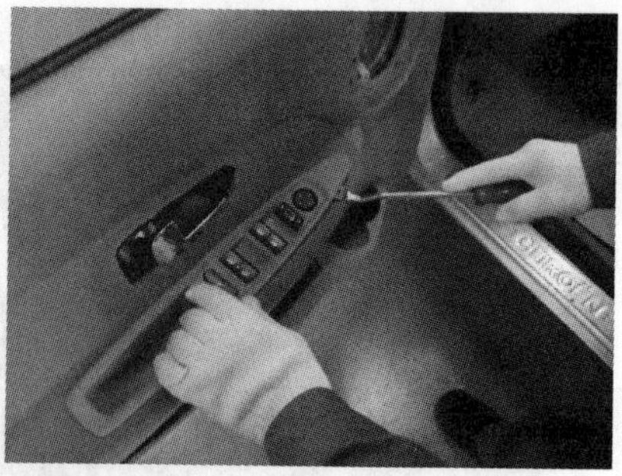

图 6 –8

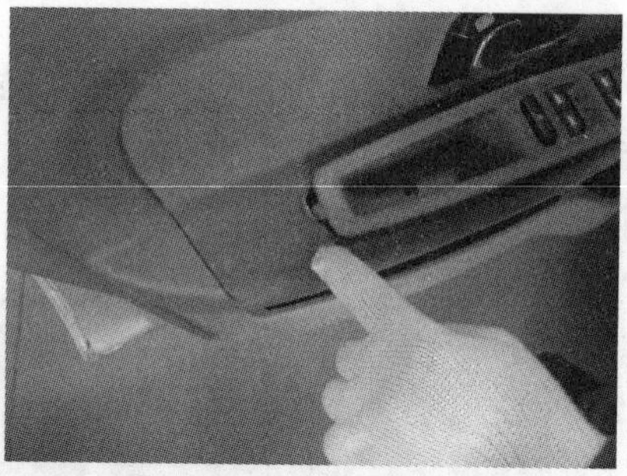

图 6 –9

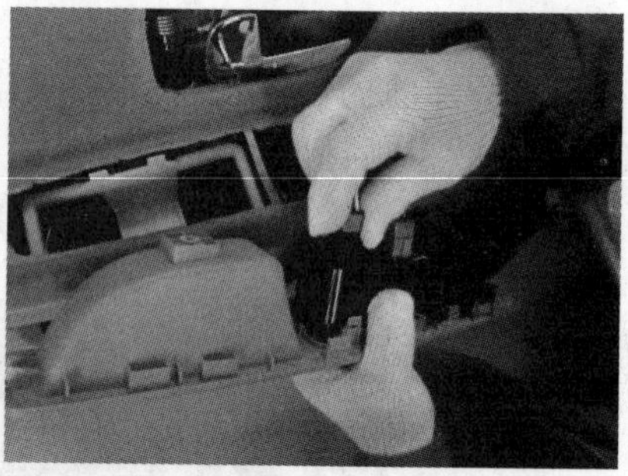

图 6 –10

6. 拆卸车门内饰板：先拆卸车门内饰板固定螺钉（图 6 – 11），再从左下角撬开内饰板（图 6 – 12），最后取下车门内饰板（图 6 – 13）。

注：需看清车门内饰板卡扣的位置。

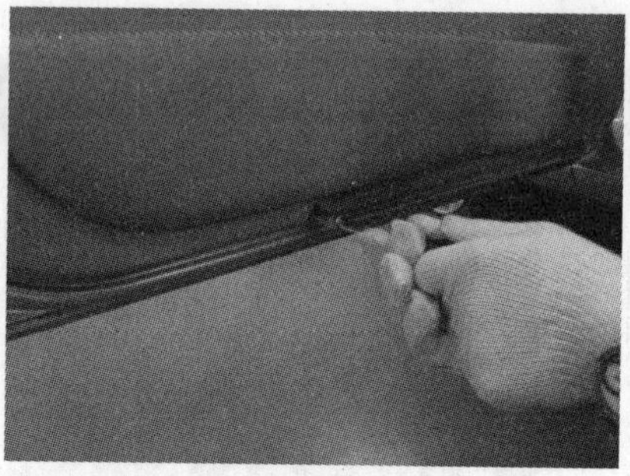

图 6 –11

图 6 –12

图 6－13

7. 拆卸外后视镜总成及镜片：先拆卸外后视镜固定螺钉（图 6－14），再断开电动外后视镜插头（图 6－15），然后取下外后视镜总成（图 6－16），最后取下外后视镜镜片（图 6－17）。

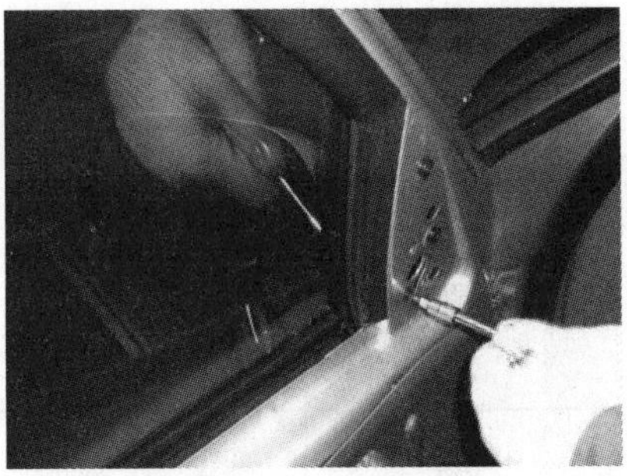

图 6－14

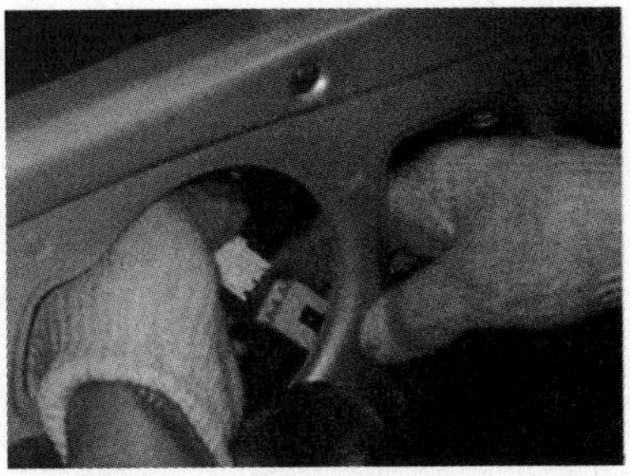

图 6－15

图 6－16

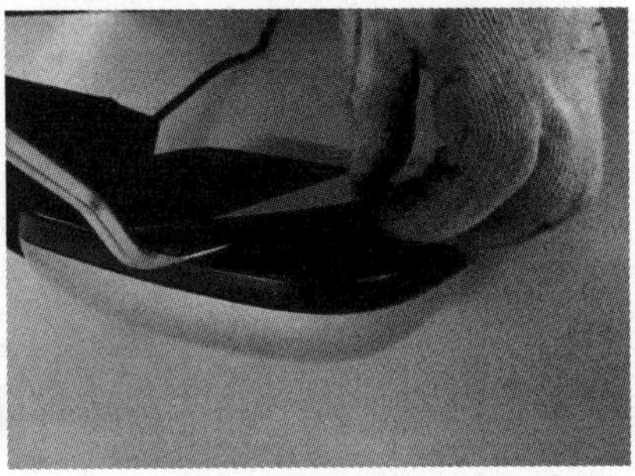

图 6－17

8. 按照拆卸相反的顺序安装回位。

9. 清理工具，清洁工位。

6.2 资料收集

学习地点

车身结构与附件拆装学习工作站。

学习准备

多媒体设备、相应学习材料等。

学习过程

1. 经过小组讨论后，独立完成下表中的问题。

方式	引导问题	结论
独立完成	后视镜是如何分类的？	
独立完成	后视镜的主要特点及影响因素有哪些？	
独立完成	电动外后视镜的故障检测工艺过程	

2. 观察下图，识别外后视镜的组成部件（2010 款爱丽舍轿车）。

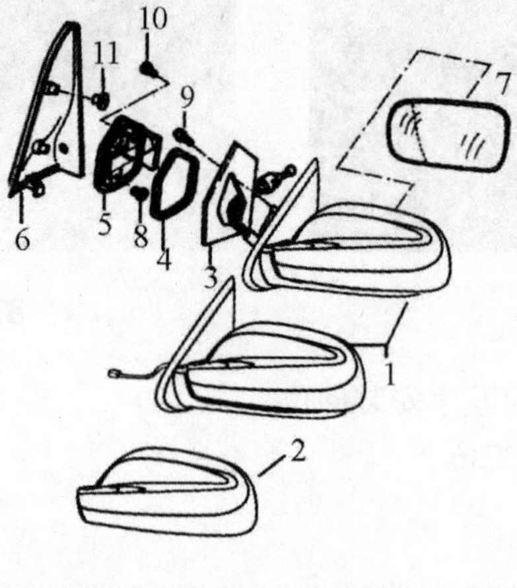

图中：1 为____________________；2 为____________________；

3 为____________________；4 为____________________；

5 为________________________;6 为________________________;
7 为________________________;8 为________________________;
9 为________________________;10 为________________________;
11 为________________________。

6.3 制订、实施计划

学习地点

车身结构与附件拆装学习工作站。

学习准备

2010 款爱丽舍轿车、拆装工具、多媒体设备及其他相应学习材料。

学习过程

6.3.1 制订计划

1. 经过小组讨论后，制订工作计划。

序号	工作步骤	工具及设备的使用	原则、技术标准、规定等	时间控制	备注

续表

序号	工作步骤	工具及设备的使用	原则、技术标准、规定等	时间控制	备注

2. 小组分工。

<table>
<tr><td>任务名称</td><td colspan="5"></td></tr>
<tr><td rowspan="2">职位</td><td rowspan="2">岗位职责</td><td rowspan="2">曾担任职位</td><td colspan="3">评　价</td></tr>
<tr><td>自评</td><td>互评</td><td>师评</td></tr>
<tr><td>组长</td><td>负责整个维修小组的管理、组织工作</td><td></td><td></td><td></td><td></td></tr>
<tr><td>安全员</td><td>负责对工艺流程、安全生产等方面进行监督和检查</td><td></td><td></td><td></td><td></td></tr>
<tr><td>讲解员</td><td>负责解释本组的任务实施方案</td><td></td><td></td><td></td><td></td></tr>
<tr><td>维修员</td><td>负责工具的使用、维护及整个工艺流程的操作实施</td><td></td><td></td><td></td><td></td></tr>
<tr><td colspan="6">职位包括:维修小组组长 1 人、维修小组安全员 1 人、维修小组讲解员 1 人、维修小组维修员 1 人。每栏按每次担任的职位进行填写;曾担任职位栏打“√”表示;评价一栏按工作态度及完成效果分为 A—优秀;B—良好;C—合格;D—不合格四个档次</td></tr>
</table>

3. 方案检查。

有无重大缺陷或存在不安全因素:□ 有　　□ 无

如果有重大缺陷或存在不安全因素需返回重新讨论并修改,直至教师签字认可。

教师意见:______________________　教师签字:__________

6.3.2　计划实施

1. 工位组长合理分配各个小组成员的任务,小组成员之间相互协作。
2. 严格按照教师审核后的计划及工艺标准进行操作。
3. 对工作任务完成情况进行自检和互检。
4. 清理场地,确保工具设备归位。
5. 写下此时你最想对自己说的一句话。

6.4　质量检验

学习地点

车身结构与附件拆装学习工作站。

学习准备

多媒体设备及其他相应学习材料。

学习过程

1. 对教师提出的问题进行记录,并寻求解决办法。

序号	存在的问题	存在的原因及解决办法	教师的评价

2. 观看老师的操作演示,记录操作要点,按规范工艺流程进行练习。

6.5　考核评价

学习地点

车身结构与附件拆装学习工作站。

学习准备

多媒体设备及其他相应学习材料等。

学习过程

6.5.1 考核

（一）单项选择题

（1）轿车的外后视镜镜面采用（　　）制作。

A. 平面镜　　B. 凹面镜　　C. 凸面镜

（2）左侧后视镜调整要领：把水平线置于后视镜的（　　）位置，然后再把车身的边缘调到占据镜面影像的1/4。

A. 1/2　　B. 1/3　　C. 2/3

（3）当后视的距离和尺寸相同时，镜面的曲率半径越小，镜面反映的视野（　　）。

A. 越小　　B. 越大　　C. 不变

（4）一般经济型轿车上安装的是（　　）外后视镜。

A. 手动　　B. 电动　　C. 智能

（5）下图中箭头所指按钮是（　　）。

A. 方向键　　B. 选择键　　C. 开关键

（二）判断题（正确的打"√"，错误的打"×"）

（1）汽车后视镜能反映汽车后方、侧方和下方的情况。（　　）

（2）车内后视镜一般采用凹面镜制作。（　　）

（3）车辆在行驶当中可以随时调整外后视镜的角度。（　　）

（4）后视镜应安装在车身上下振动最小的位置上。（　　）

（5）电动外后视镜的使用在没有接通电源的情况下也可以进行。（　　）

6.5.2 评价总结

1. 通过分析其他小组的整体表现，找出对自己小组有帮助的地方。

2. 如果愿意吸取别人的优点，你可以重新确认你的工作步骤。

3. 通过本项目学习，你有哪些收获？

4. 根据下列评价表，看看自己的表现。

考核项目	评分标准	分数	学生自评（权数 0.1）	小组互评（权数 0.2）	教师评价（权数 0.7）	小计
团队合作	是否和谐	5				
活动参与	是否积极主动	5				
任务方案	是否正确、合理	10				
安全生产	有无安全隐患	10				
工作态度	态度是否端正	20				
工作过程	1. 是否做了作业前的准备工作； 2. 拆装过程是否规范； 3. 后视镜的调整是否到位； 4. 回答问题是否正确	30				
任务完成情况	是否圆满完成	5				
工具使用情况	是否符合规范标准	5				
场地清理	场地是否整洁，工具设备是否归位	10				
	总分	100				
教师签名：				年　月　日	得分：	

5. 写下此时你最想对自己说的一句话。

6. 教师评语。

项目7 拆装与调整车门锁

7.1 项目指导

7.1.1 项目描述

车门锁是汽车车身重要的、使用最频繁的专用安全保护部件,它一方面直接关系到汽车行驶时乘客的安全,另一方面也是汽车的防盗安全装置。由于使用环境的关系或驱动器故障都会造成车门锁无法正常使用。同学们将在指导老师的带领下,利用8课时的时间,在车身结构与附件拆装学习工作站,对车门锁机构的组成进行实物认知并使用拆装工具对其进行规范拆装与调整。同学们应记录已完成的工作,自觉保持安全作业,遵守实训管理条例并确保符合“8S”管理的工作要求。

7.1.2 学习目标

同学们在教师的指导下借助工作页、视频等资料,了解并掌握车门锁的作用、分类、主要特点、零部件组成及调整方法等,正确选择拆装工具并对其进行规范拆装。

对已完成的任务进行记录、存档、评价及反馈。

7.1.3 学习重点及难点

学习重点:车门锁的构造及拆装方法。

学习难点:掌握卡板式车门锁的工作原理及故障排除方法。

7.1.4 实训步骤及要求

1. 同学们进入工作站时,要认真、仔细阅读相关安全要求与说明,严格按照安全防护要求着装,并按老师的要求安全作业,否则可能会由于违反安全作业规程造成身体或设备的损伤。

2. 完成作业前的准备工作。

3. 拆卸内手柄护罩和外后视镜内装饰罩。

4. 拆卸前扬声器,注意可不必拆下固定前扬声器的圆形卡环。

5. 拆卸拉手盒,注意需格外小心别折断拉手盒的倒卡。

6. 拆卸车门内饰板,注意需看清车门内饰板卡扣的位置。

7. 拆卸车门内手柄,割开防水帘。先挑起内手柄倒卡(图 7 - 1),再取下内拉手(图 7 - 2),最后小心割开防水帘(图 7 - 3)

注意:需小心别划伤油漆和破坏防水帘。

图 7 - 1

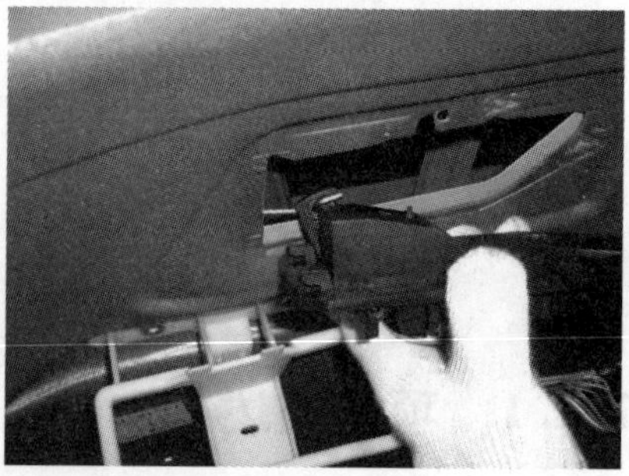

图 7 - 2

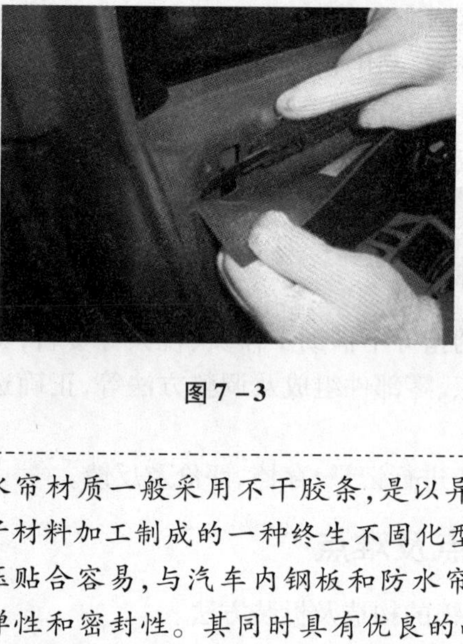

图 7 - 3

☞**小提示**:车门防水帘材质一般采用不干胶条,是以异丁橡胶为主要原料,配以其他高分子材料加工制成的一种终生不固化型自粘防水密封胶条。其特点是:指压贴合容易,与汽车内钢板和防水帘均有较好的黏接性,能长期保持黏弹性和密封性。其同时具有优良的耐候性、耐老化性及防水性,对被粘物表面起到密封、减震、保护等作用。由于完全不含溶剂,因而终生不固化,可多次使用。

8. 拆卸车门锁块与驱动器。

(1)拆卸锁芯 U 形卡片,如图 7 - 4 所示。

(2)旋转锁芯,使之与门外锁止连杆分离后,取下锁芯,如图 7 - 5 所示。

图 7 -4

图 7 -5

(3)拆卸 3 颗内六芯螺钉,如图 7 -6 所示。

(4)断开驱动器的插头,取出锁块,如图 7 -7 所示。

图 7 -6

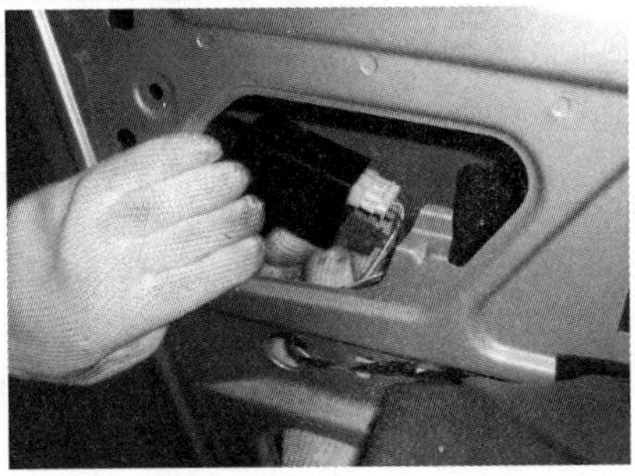

图 7 -7

(5)向右转动驱动器,使之与锁块卡槽分离,同时取下驱动器,如图 7 -8 所示。

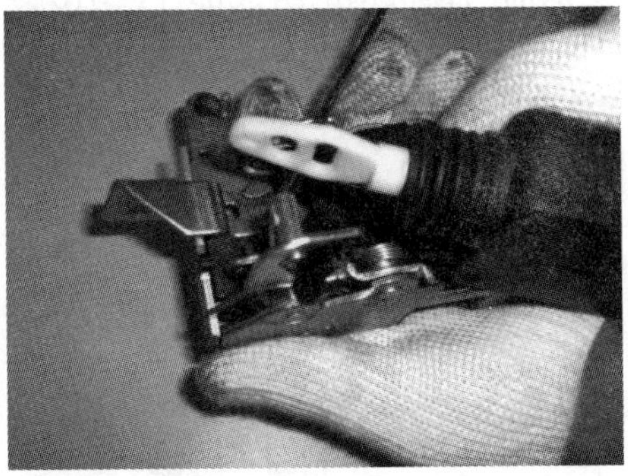

图 7 -8

9. 按照拆卸相反的顺序安装回位。

10. 调整车门锁与锁扣的配合情况,车门调整完后应平顺自如,间隙面差均应符合技术要求。

11. 清理工具,清洁工位。

7.2 资料收集

学习地点

车身结构与附件拆装学习工作站。

学习准备

多媒体设备及其他相应学习材料。

学习过程

1. 经过小组讨论后，独立完成下表中的问题。

方式	引导问题	结论
独立完成	车门锁是如何分类的？	
独立完成	车门锁的基本结构及工作原理是什么？	
独立完成	车门锁的故障检测工艺过程是	

2. 观察看下图，识别前门锁机构的组成部件(2010 款爱丽舍轿车)。

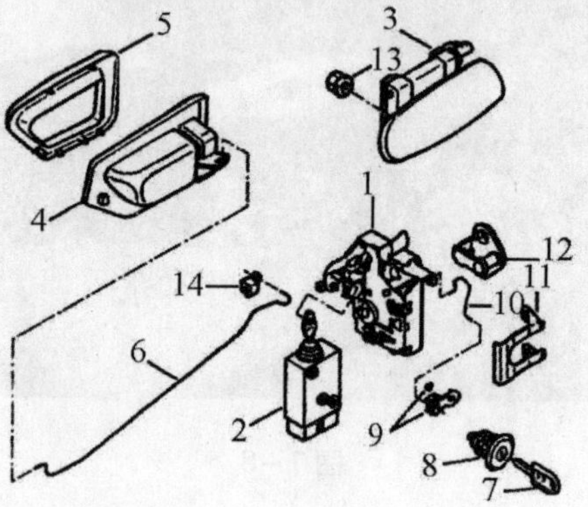

图中:1 为________________;2 为________________;
3 为________________;4 为________________;
5 为________________;6 为________________;
7 为________________;8 为________________;

9 为________;10 为________;
11 为________;12 为________;
13 为________;14 为________。

7.3 制订、实施计划

学习地点

车身结构与附件拆装学习工作站。

学习准备

2010 款爱丽舍轿车、拆装工具、多媒体设备及其他相应学习材料。

学习过程

7.3.1 制订计划

1. 经过小组讨论后,制订工作计划。

序号	工作步骤	工具及设备的使用	原则、技术标准、规定等	时间控制	备注

续表

序号	工作步骤	工具及设备的使用	原则、技术标准、规定等	时间控制	备注

2. 小组分工。

任务名称					
职位	岗位职责	曾担任职位	评　价		
			自评	互评	师评
组长	负责整个维修小组的管理、组织工作				
安全员	负责对工艺流程、安全生产等方面进行监督和检查				
讲解员	负责解释本组的任务实施方案				
维修员	负责工具的使用、维护工作并监督整个工艺流程的操作实施				
职位包括:维修小组组长1人、维修小组安全员1人、维修小组讲解员1人、维修小组维修员1人。每栏按每次担任的职位进行填写;曾担任职位栏打"√"表示;评价一栏按工作态度及完成效果分为A—优秀;B—良好;C—合格;D—不合格四个档次					

3. 方案检查。

有无重大缺陷或存在不安全因素:□ 有　　□ 无

如果有重大缺陷或存在不安全因素需返回重新讨论并修改,直至教师签字认可。

教师意见:________________　　教师签字:__________

7.3.2　计划实施

1. 工位组长合理分配各个小组成员的任务,小组成员间相互协作。
2. 严格按照教师审核后的计划及工艺标准进行操作。
3. 对工作任务完成情况进行自检和互检。
4. 清理场地,确保工具设备归位。
5. 写下此时你最想对自己说的一句话。

7.4　质量检验

学习地点

车身结构与附件拆装学习工作站。

学习准备

多媒体设备及其他相应学习材料。

学习过程

1. 对教师提出的问题进行记录,并寻求解决办法。

序号	存在的问题	存在的原因及解决办法	教师的评价

2. 观看老师的操作演示,记录操作要点,按规范工艺流程进行练习。

7.5 考核评价

学习地点

车身结构与附件拆装学习工作站。

学习准备

多媒体设备及其他相应学习材料。

学习过程

7.5.1 考核

（一）单项选择题

（1）手动式车门锁中以（　　）最为常见。

A. 舌簧式　　B. 卡板式　　C. 凸轮式

（2）自动落锁功能指的是只要行车速度超过（　　）左右，中控锁就会自动启动。

A. 10 千米/小时　　B. 30 千米/小时　　C. 50 千米/小时

（3）拆卸 2010 款爱丽舍轿车车门锁要使用（　　）。

A. 平口螺丝刀　　B. T20 螺丝刀　　C. T30 螺丝刀

（4）车门锁装置具有对车门的导向、定位和（　　）的能力。

A. 防尘　　B. 防水　　C. 防振

（5）下图中，（　　）说法是正确的。

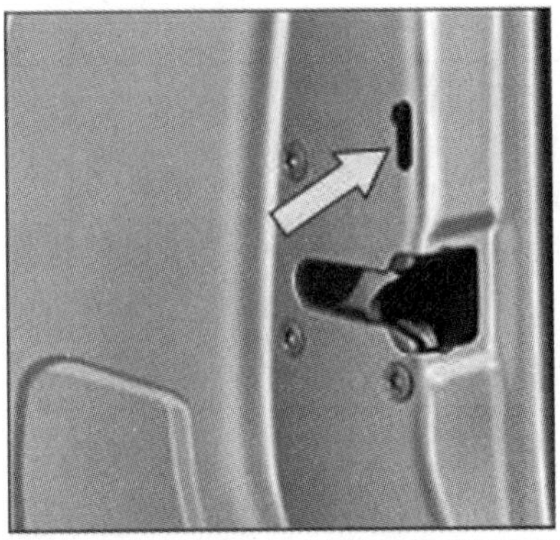

A. 当儿童安全锁闩处于此位置时，从外面可以打开车门，但里面打不开

B. 当儿童安全锁闩处于此位置时，从里面可以打开车门，但外面打不开

C. 当儿童安全锁闩处于此位置时，从里面和外面都可以打开车门

（二）判断题（正确的打"√"，错误的打"×"）

（1）当启动了儿童安全锁止机构后，后车门是无法从里面开启的。（　　）

（2）车门防水帘一般用的都是普通密封胶条，拆下则必须更换。（　　）

（3）调整车门间隙时不必拆掉门锁扣。（　　）

（4）机械式车门锁不必经常清洁保养。（　　）

（5）2010 款爱丽舍轿车前门锁主要由锁块与驱动器组成。（　　）

7.5.2 评价总结

1. 通过分析其他小组的整体表现，找出对自己小组有帮助的地方。

2. 如果愿意吸取别人的优点,你可以重新确认你的工作步骤。

3. 通过本项目学习,你有哪些收获?

4. 根据下列评价表,看看自己的表现。

考核项目	评分标准	分数	学生自评(权数 0.1)	小组互评(权数 0.2)	教师评价(权数 0.7)	小计
团队合作	是否和谐	5				
活动参与	是否积极主动	5				
任务方案	是否正确、合理	10				
安全生产	有无安全隐患	10				
工作态度	态度是否端正	20				
工作过程	1. 是否做了作业前的准备工作; 2. 拆装过程是否规范; 3. 车门锁的调整是否平顺自如; 4. 回答问题是否正确	30				
任务完成情况	是否圆满完成	5				
工具使用情况	是否规范标准	5				
场地清理	场地是否整洁,工具设备是否归位	10				
总分		100				
教师签名:			年	月	日	得分:

5. 写下此时你最想对自己说的一句话。

6. 教师评语。

项目 8　拆装全车锁芯

8.1　项目指导

8.1.1　项目描述

从世界上第一辆 T 型福特牌轿车被盗开始，偷车已成为常见的犯罪行为之一。随着汽车数量增多，车辆被盗的数量也逐年上升，这给社会带来了极大的不安定因素。同学们将在指导老师的带领下，利用 8 课时的时间，在车身结构与附件拆装学习工作站，对全车锁芯的组成进行实物认知并使用拆装工具对其进行规范拆装。同学们应记录已完成的工作，自觉保持安全作业，遵守实训管理条例并确保符合“8S”管理的工作要求。

8.1.2　学习目标

同学们在教师的指导下借助工作页、视频等资料，了解并掌握点火锁的作用、工作原理、零部件组成及锁弹子的匹配方法等，正确选择拆装工具对其进行规范拆装。

对已完成的任务进行记录、存档、评价及反馈。

8.1.3　学习重点及难点

学习重点：全车锁芯的基本构造及拆装方法。

学习难点：掌握点火锁的工作原理及锁弹子的匹配方法。

8.1.4　实训步骤及要求

1. 同学们进入工作站时，要认真、仔细阅读相关安全要求与说明，严格按照安全防护要求着装，并按老师的要求安全作业，否则可能会由于违反安全作业规程造成身体或设备的损伤。

2. 完成作业前的准备工作。

3. 拆卸车门锁芯有两种方法：一种方法是拆卸车门内饰板总成后割开防水帘，取下锁芯；另外一种方法是直接运用车门锁芯拆卸专用工具将锁芯

U形卡片脱开,取下锁芯。

(1)拆下车门上橡皮堵塞,如图8-1所示。

(2)将专用工具顺时针旋进锁芯U形卡片上的插孔内,如图8-2所示。

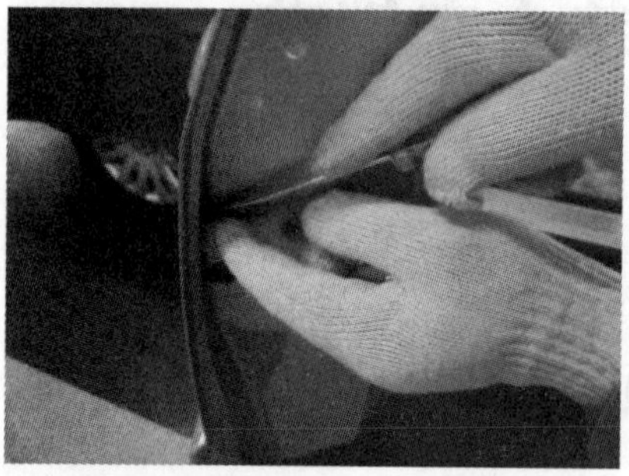

图8-1

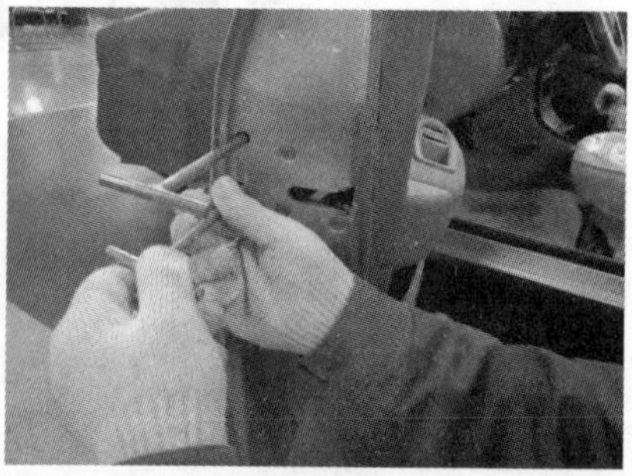

图8-2

(3)用手握住把柄,均匀用力向前推,将锁芯U形卡片与车门脱开,取下锁芯,分别如图8-3和图8-4所示。

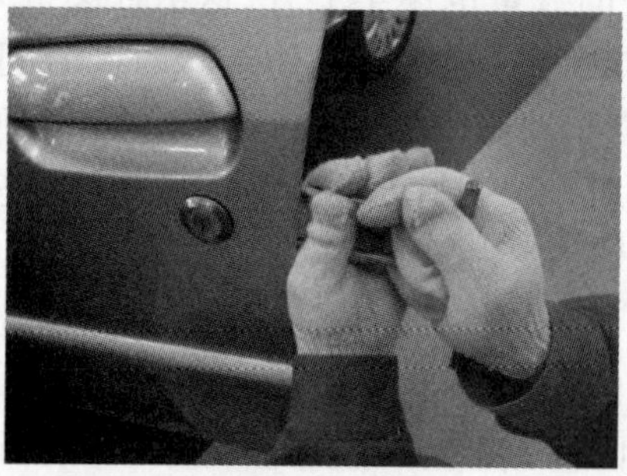

图8-3

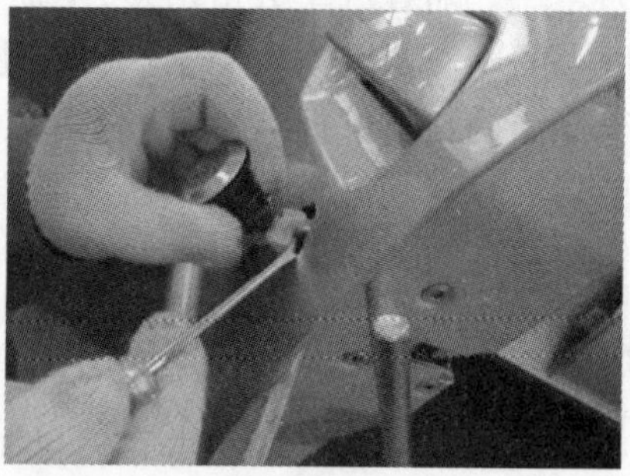

图8-4

4.拆卸副仪表板杂物盒锁芯。

(1)撬开杂物盒装饰条固定卡扣,并取下杂物盒装饰条,分别如图8-5和图8-6所示。

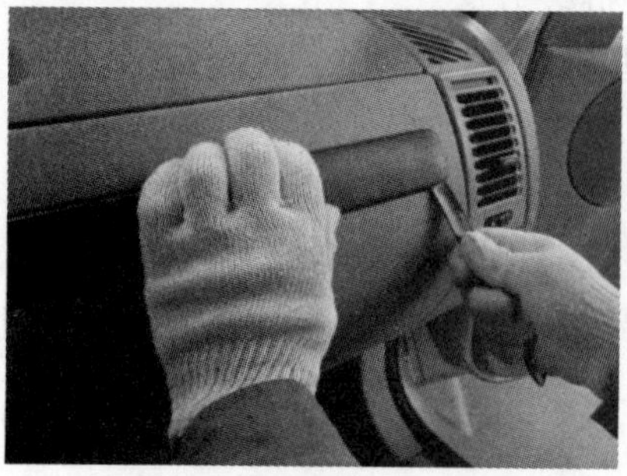

图8-5

图8-6

(2)撬开锁芯卡夹，如图 8－7 所示。

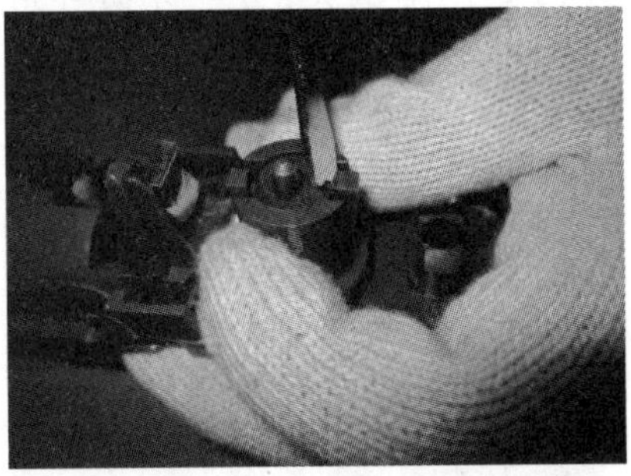

图 8－7

(3)将钥匙插入锁芯，按压锁芯另一端，使其退出杂物盒装饰条，如图 8－8 所示。

(4)取下锁芯弹簧卡环，如图 8－9 所示。

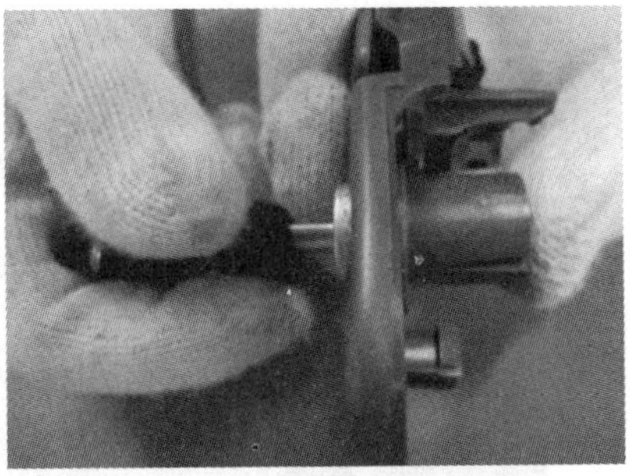

图 8－8

图 8－9

5. 拆卸油箱锁芯（注：严禁烟火）。

(1)抠开油箱盖板，用车钥匙逆时针旋开油箱锁，分别如图 8－10 和图 8－11 所示。

图 8－10

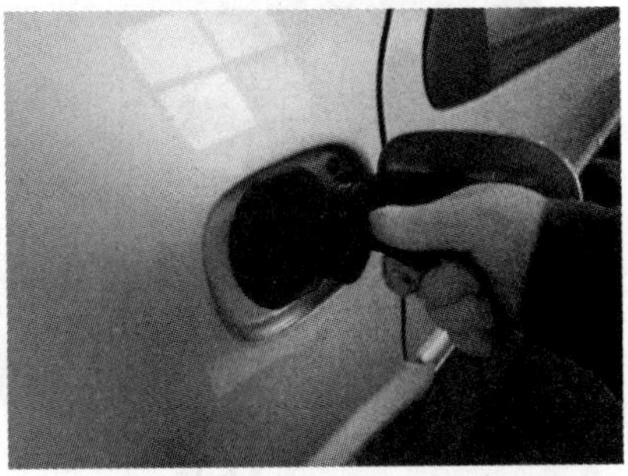

图 8－11

☞**小提示**：由于汽油是极易挥发的液体，为防止汽油分子散发到空气中遇火星发生危险，一方面要严禁烟火，另一方面可用湿布堵住燃油加注口，如图 8－12 所示。

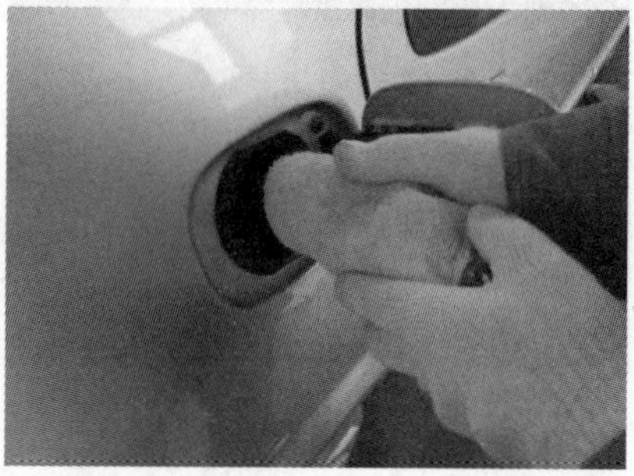

图 8－12

（2）撬开油箱锁盖，如图 8－13 所示。

（3）将油箱锁体放在抹布或橡皮胶垫上，用小规模平口螺丝刀和小锤将锁头处的销子冲出，如图 8－14 所示。

图 8－13

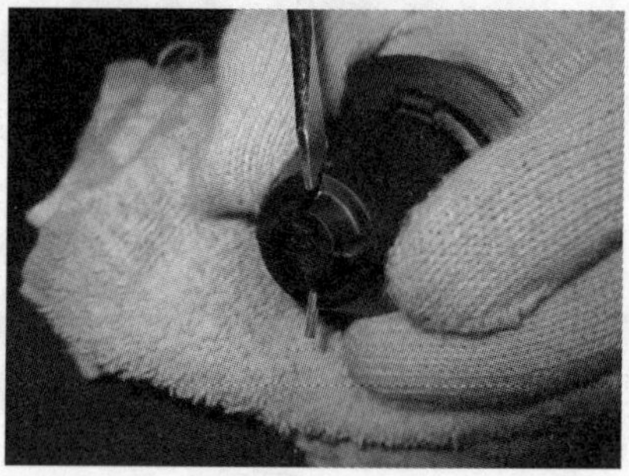

图 8－14

（4）用钳子将销子取下，使锁头盖与锁头分离，分别如图 8－15 和图 8－16所示。

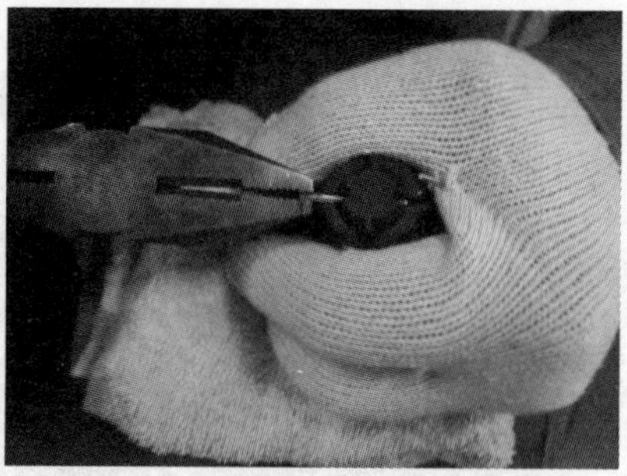

图 8－15

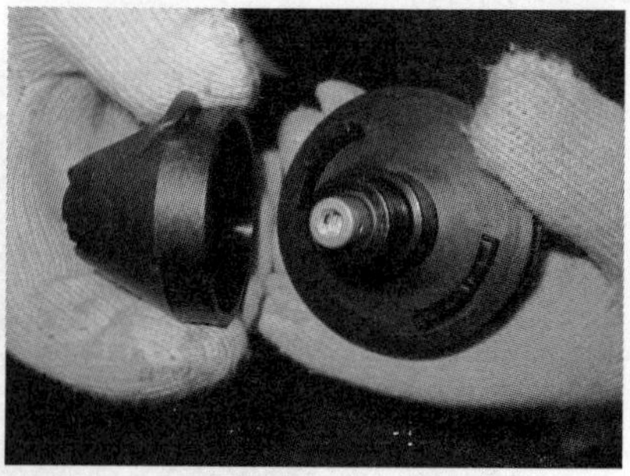

图 8－16

（5）双手握住锁体，用大拇指将锁芯总成推出，取下油箱锁芯总成，如图 8－17 和图 8－18 所示。

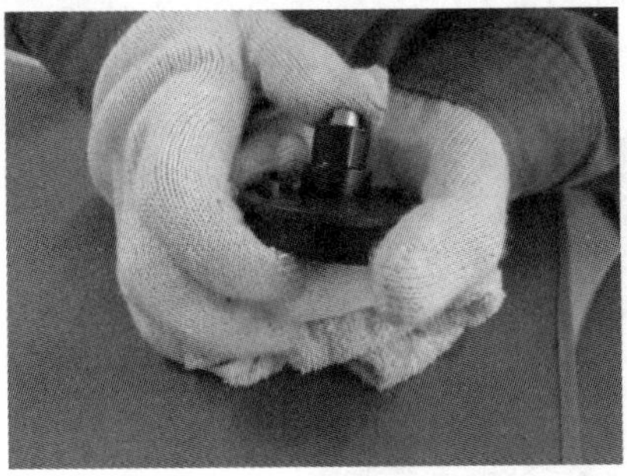

图 8－17

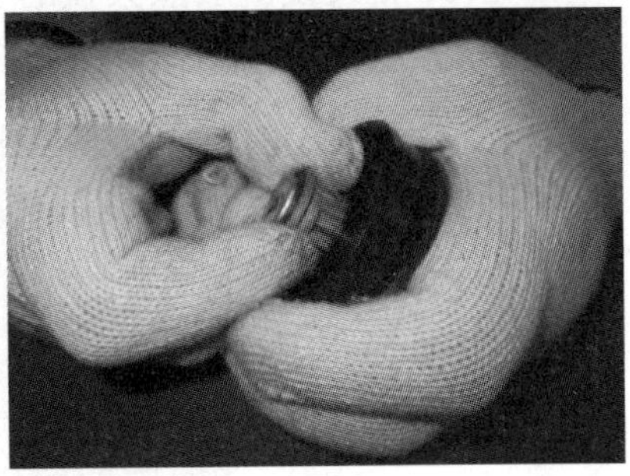

图 8－18

（6）取下锁头密封圈，如图 8－19 所示。

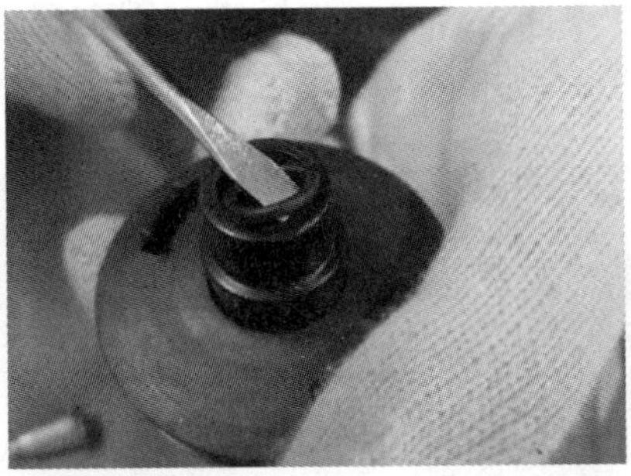

图 8－19

（7）用小规格平口螺丝刀撬开锁芯止推卡，同时用另一只手推出锁芯，如图 8－20 所示。

（8）将车钥匙插入锁芯内，并取出锁芯，如图 8－21 所示。

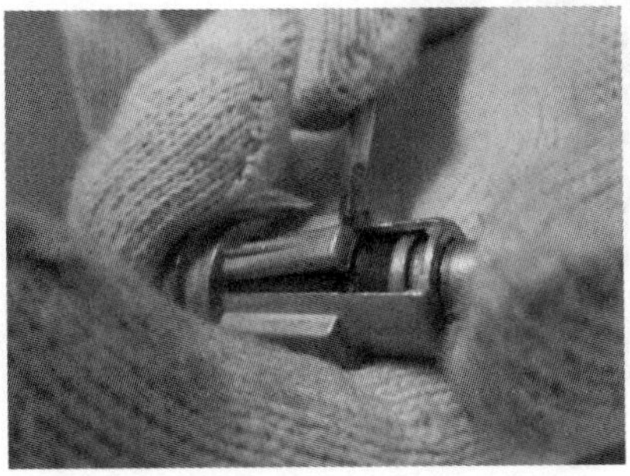

图 8－20

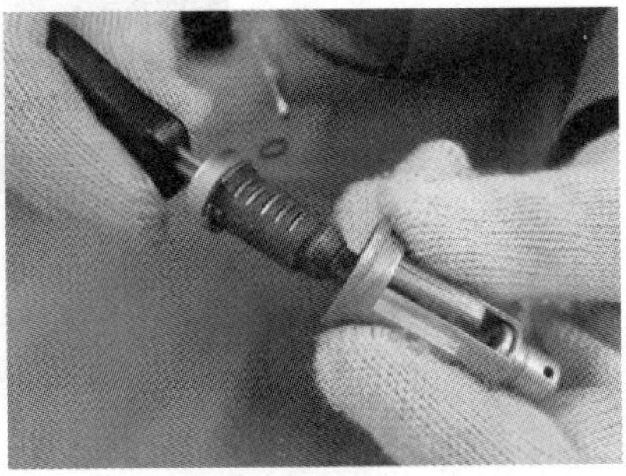

图 8－21

6. 拆卸点火锁(注:点火锁的各位置功能)。

(1)将左前座椅向后移至极限,以便腾出操作空间,如图 8 - 22 所示。

图 8 - 22

(2)拆卸转向柱护罩固定螺钉。先拆卸左固定螺钉(图 8 - 23),再拆卸右固定螺钉(图 8 - 24),最后拆卸下固定螺钉(图 8 - 25)。

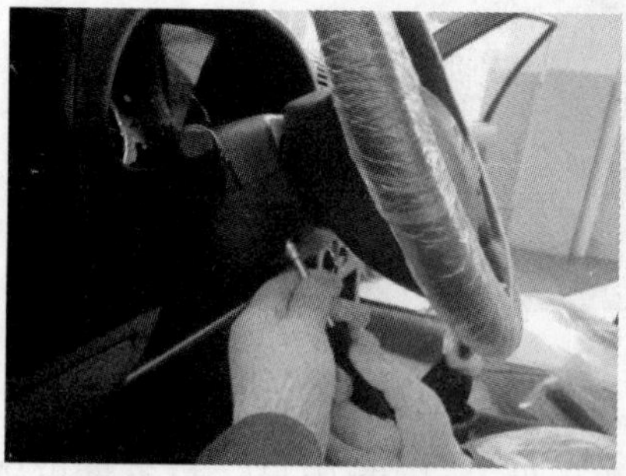

图 8 - 23

图 8 - 24

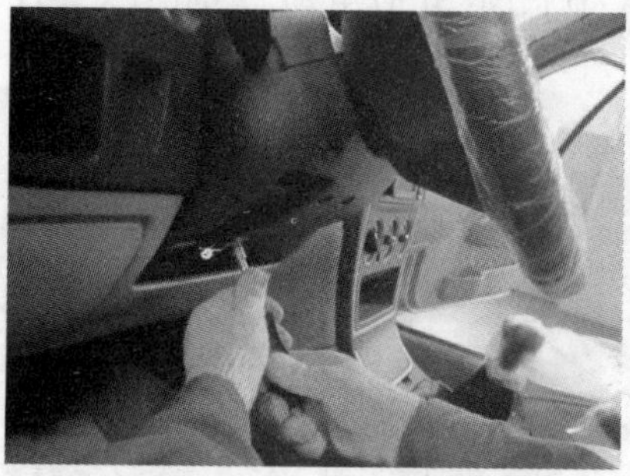

图 8 - 25

(3)将转向盘调节手柄向下推到底，松开锁止，如图 8 - 26 所示。

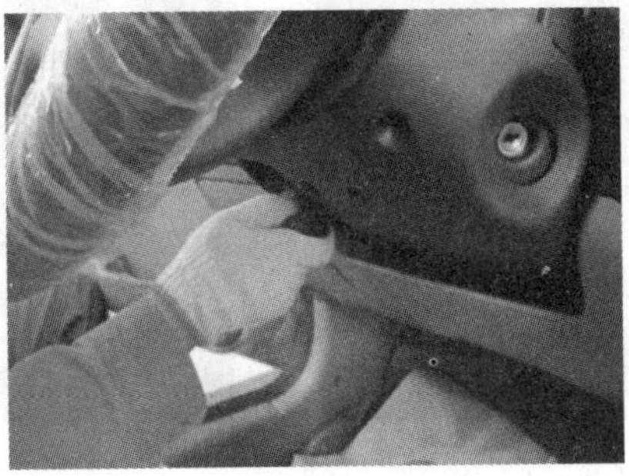

图 8 - 26

☞**小提示：**由于转向盘的高度是可以上下调节的，在装好转向柱护罩后，应按驾驶员的操作习惯位置调整好转向盘的高度。

(4)取下转向柱上、下护罩，分别如图 8 - 27 和图 8 - 28 所示。

图 8 - 27

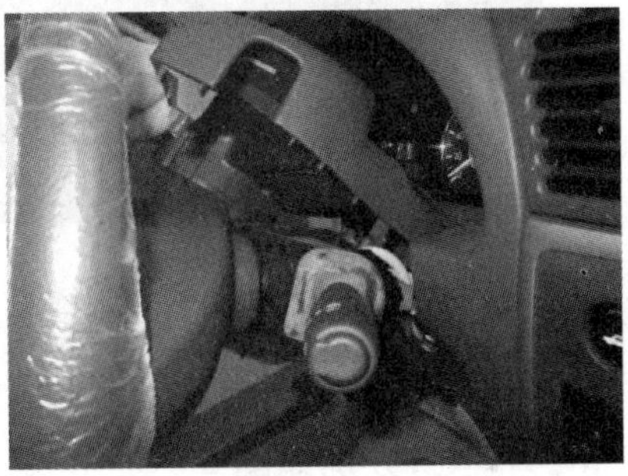

图 8 - 28

(5)小心撬开点火锁护罩止推卡，取下点火锁护罩，如图 8 - 29 所示。

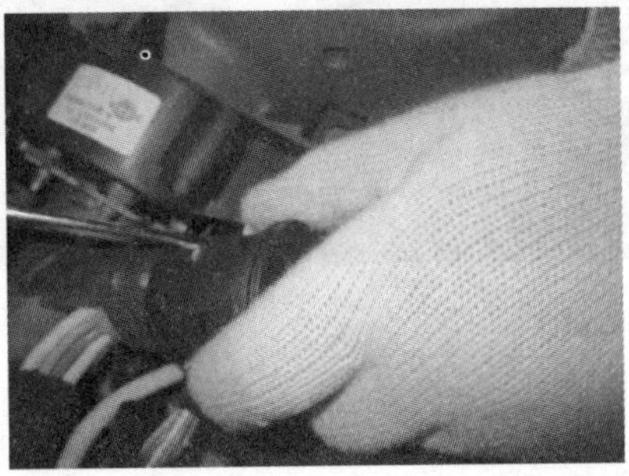

图 8 - 29

(6)撬开点火锁线束固定卡扣,如图 8 -30 和图 8 -31 所示。

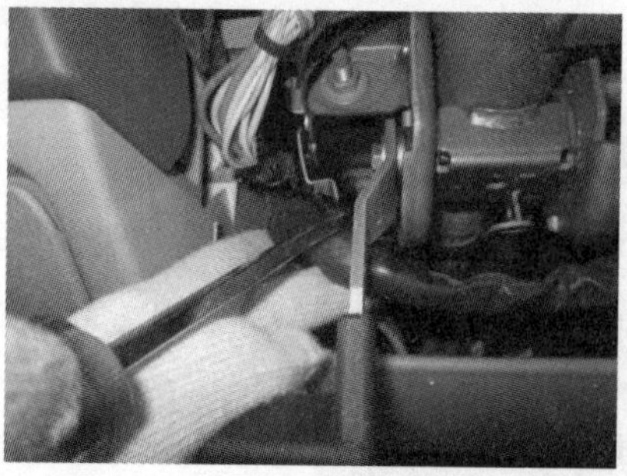

图 8 -30

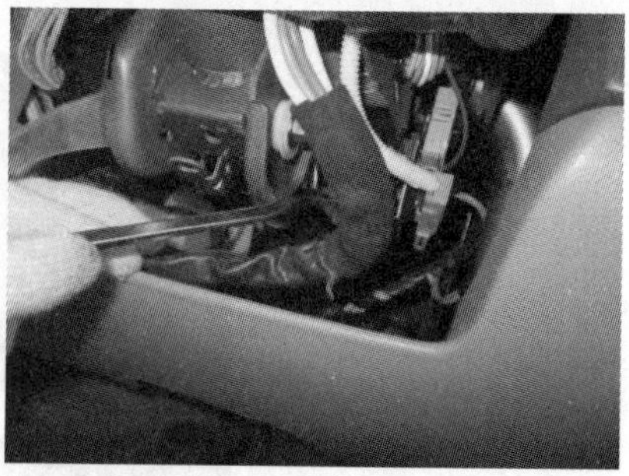

图 8 -31

(7)拆下点火锁固定沉头螺钉,如图 8 -32 和图 8 -33 所示。

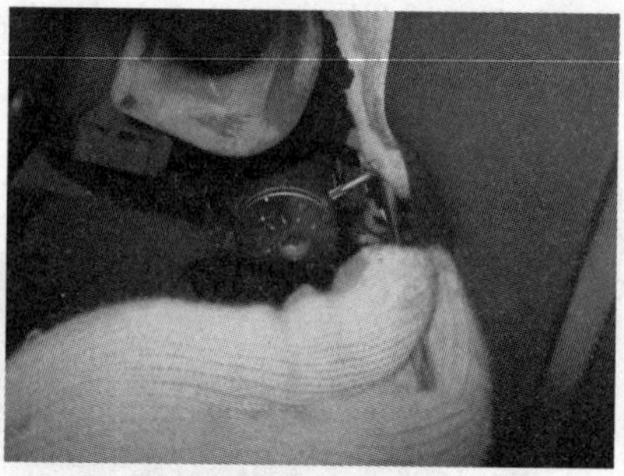

图 8 -32

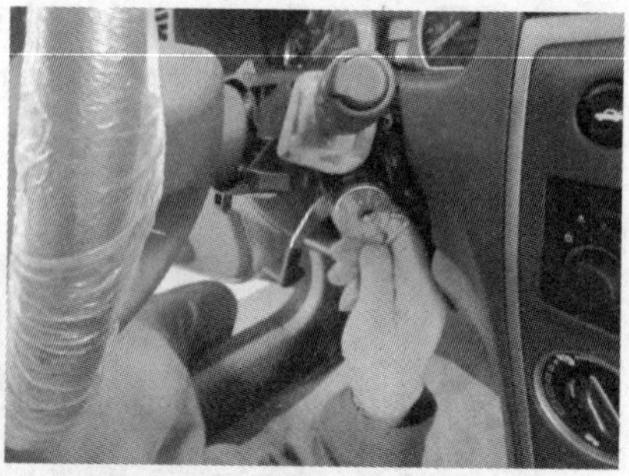

图 8 -33

(8)断开点火锁线束插头,将车钥匙插入锁孔内并向右转到 A 挡和 M 挡的 1/2 处,分别如图 8 -34 和图 8 -35 所示。

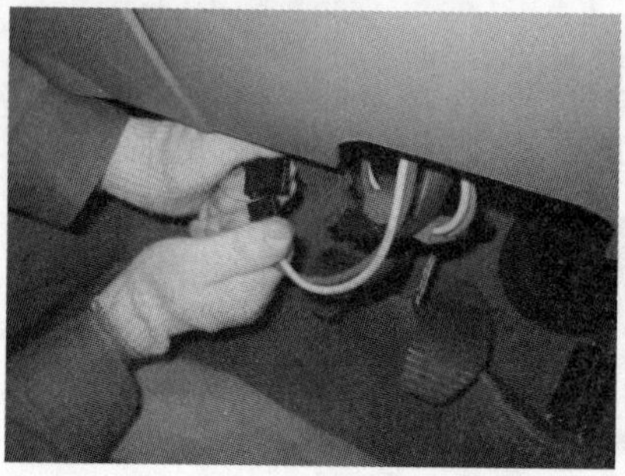

图 8 -34

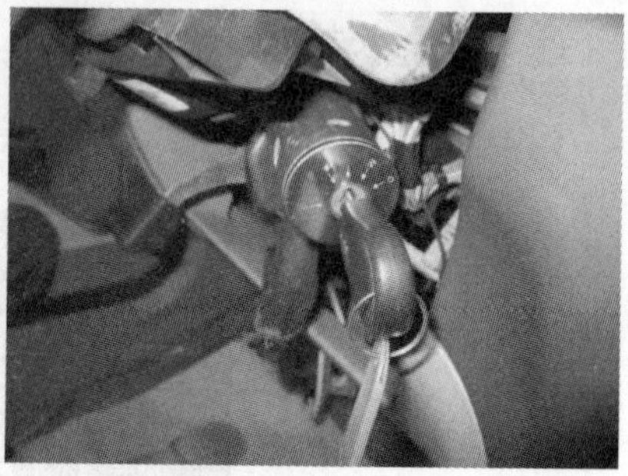

图 8 -35

(9)用小规格平口螺丝刀按压点火锁止推卡,同时用另一只手拔出点火锁,如图 8 -36 所示。

(10)分别将插头退出转向柱,并取下点火锁,如图 8 -37 所示。

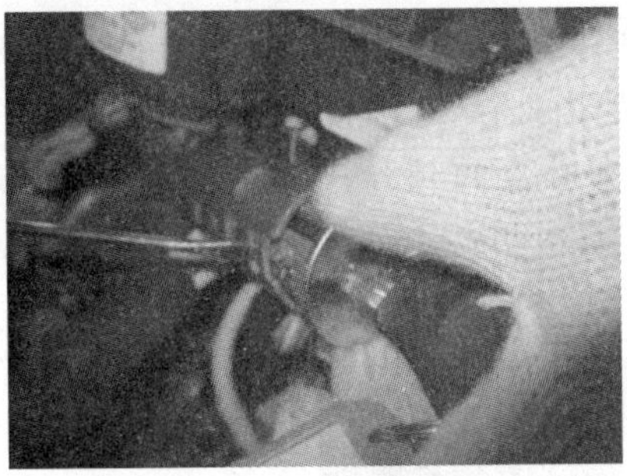

图 8 – 36

图 8 – 37

7. 匹配车门锁弹子（注：应小心取下锁弹子组件，并按原来的顺序安装）。

（1）小心撬开锁弹子护罩，注意锁弹子弹簧会随时弹出，如图 8 – 38 所示。

（2）小心取下锁弹子弹簧，如图 8 – 39 所示。

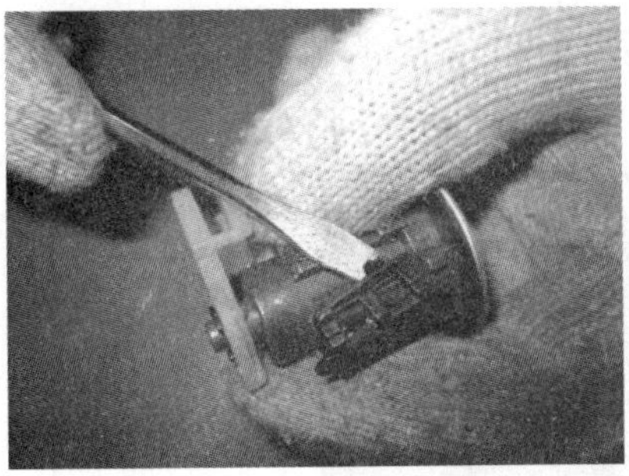

图 8 – 38

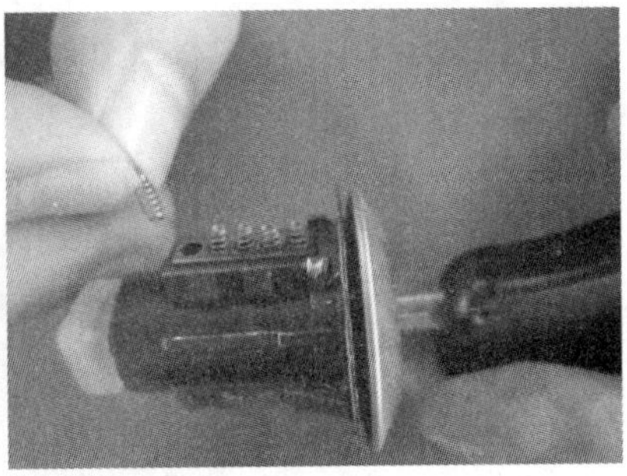

图 8 – 39

（3）依次取下锁弹子，并按相应位置放置好，如图 8 – 40 和图 8 – 41 所示。

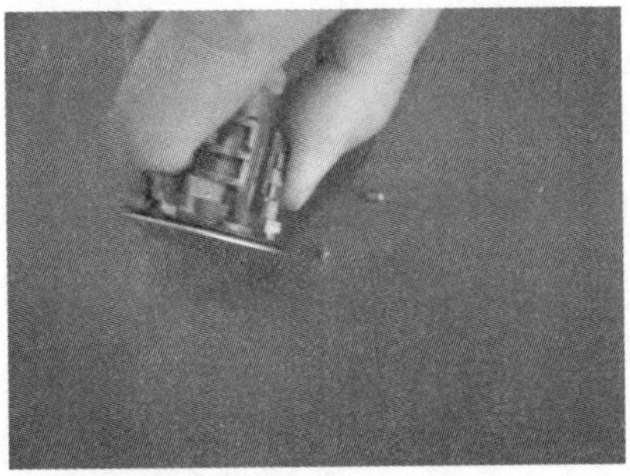

图 8 – 40

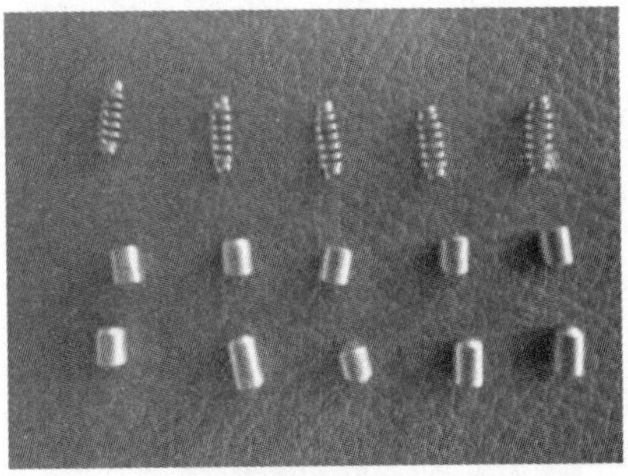

图 8 – 41

（4）根据锁弹子的长度来正确选择相匹配的新锁弹子，并按相反的顺序安装到位。

☞**小提示**：取下锁弹子时一定要按顺序依次进行并按相应的位置放好，否则的话装配完新锁弹子后，车钥匙将无法旋转锁芯或者根本无法插入。这是因为车钥匙上的每个齿都有对应的锁弹子相匹配。若实在不清楚各个锁弹子的安装顺序时，可根据车钥匙上的各个齿形的高度来选择相对应的锁弹子，如图 8－42 所示。

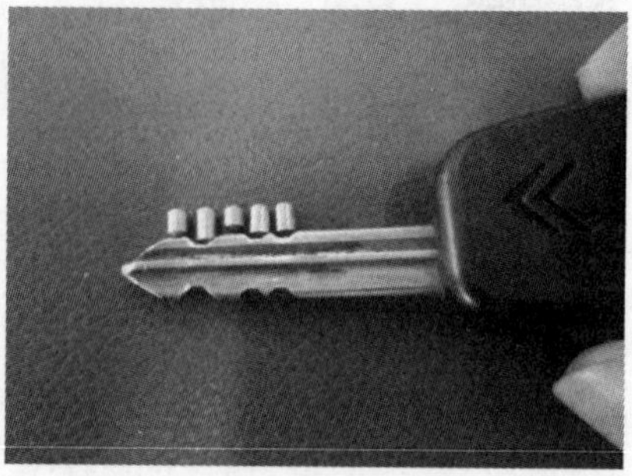

图 8－42

(5)将车钥匙插入锁孔内来回转动锁芯，测试锁弹子的匹配是否正确，如图 8－43 所示。

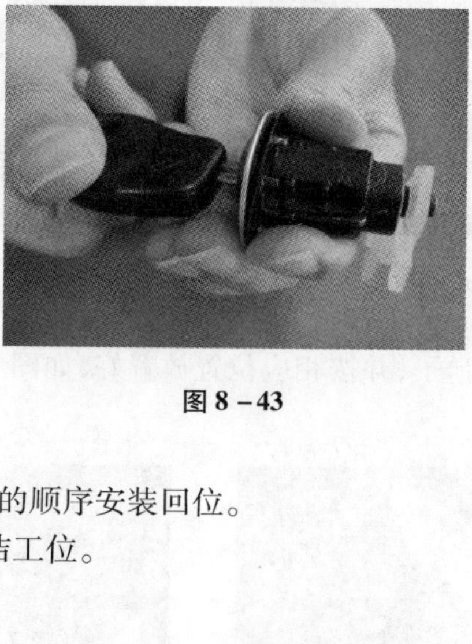

图 8－43

8. 按照拆卸相反的顺序安装回位。
9. 清理工具，清洁工位。

8.2　资料收集

学习地点

车身结构与附件拆装学习工作站。

学习准备

多媒体设备及其他相应学习材料等。

学习过程

1. 经过小组讨论后，独立完成下表中的问题。

方式	引导问题	结论
独立完成	汽车点火锁有何作用？其工作原理是怎样的？	
独立完成	2010 款爱丽舍轿车全车锁芯分别安装在什么位置？	
独立完成	更换 2010 款爱丽舍轿车全车锁芯后能直接使用吗	

2. 观察看下图，识别全车锁芯的组成部件（2010 款爱丽舍轿车）。

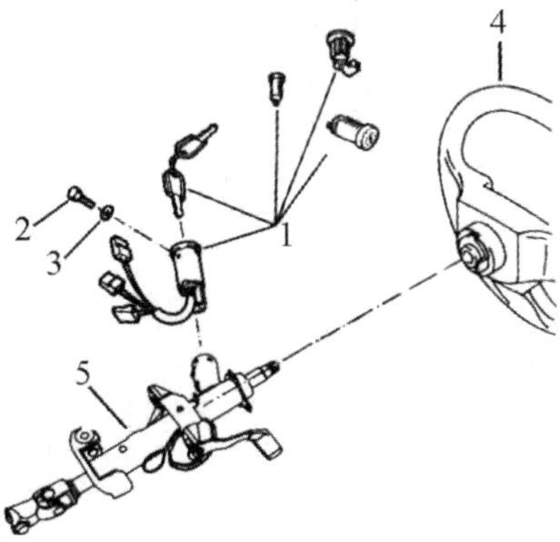

图中：1 为____________________；

2 为____________________；

3 为____________________；

4 为____________________；

5 为____________________。

8.3　制订、实施计划

8.3.1　制订计划

学习地点

车身结构与附件拆装学习工作站。

学习准备

2010款爱丽舍轿车、拆装工具、多媒体设备及其他相应学习材料等。

学习过程

1. 经过小组讨论后，制订工作计划。

序号	工作步骤	工具及设备的使用	原则、技术标准、规定等	时间控制	备注

续表

序号	工作步骤	工具及设备的使用	原则、技术标准、规定等	时间控制	备注

2. 小组分工。

任务名称					
职位	岗位职责	曾担任职位	评　价		
			自评	互评	师评
组长	负责整个维修小组的管理、组织工作				
安全员	负责对工艺流程、安全生产等方面进行监督和检查				
讲解员	负责解释本组的任务实施方案				
维修员	负责工具的使用、维护工作并监督整个工艺流程的操作实施				
职位包括:维修小组组长1人、维修小组安全员1人、维修小组讲解员1人、维修小组维修员1人。每栏按每次担任的职位进行填写;曾担任职位栏打"√"表示;评价一栏按工作态度及完成效果分为A—优秀;B—良好;C—合格;D—不合格四个档次					

3. 方案检查。

有无重大缺陷或存在不安全因素:□ 有　　□ 无

如果有重大缺陷或存在不安全因素需返回重新讨论并修改,直至教师签字认可。

教师意见:____________________　教师签字:__________

8.3.2　计划实施

1. 工位组长合理分配各个小组成员的任务,小组成员间相互协作。
2. 严格按照教师审核后的计划及工艺标准进行操作。
3. 对工作任务完成情况进行自检和互检。
4. 清理场地,确保工具设备归位。
5. 写下此时你最想对自己说的一句话。

8.4　质量检验

学习地点

车身结构与附件拆装学习工作站。

学习准备

多媒体设备及其他相应学习材料等。

学习过程

1. 对教师提出的问题进行记录，并寻求解决办法。

序号	存在的问题	存在的原因及解决办法	教师的评价

2. 观看老师的操作演示，并记录操作要点，按规范工艺流程进行练习。

8.5 考核评价

学习地点

车身结构与附件拆装学习工作站。

学习准备

多媒体设备及其他相应学习材料。

学习过程

8.5.1 考核

(一)单项选择题

(1)2010 款爱丽舍轿车采用的是(　　)防盗系统。

A. 机械钥匙式　　B. 电子钥匙式　　C. 智能钥匙式

(2)点火锁一般安装在(　　)上。

A. 转向机　　B. 传动轴　　C. 排挡杆

(3)转向盘的高度一般(　　)。

A. 不能调节　　B. 手动调节　　C. 自动调节

(4)2010 款爱丽舍轿车的车门锁芯是由(　　)固定的。

A. 卡片连接　　B. 铆接　　C. 螺钉连接

(5)要取下 2010 款爱丽舍轿车点火锁,(　　)操作是正确的。

A. 直接拔出点火锁

B. 将车钥匙插入锁孔内并向右转到 A 挡和 M 挡的 1/2 处,按压点火锁止推卡,同时用另一只手拔出点火锁。

C. 从反方向拔出点火锁

(二)判断题(正确的打"√",错误的打"×")

(1)点火锁是一个多档开关,需用相应的钥匙才能对其进行操纵。(　　)

(2)更换车门锁弹子时可根据车钥匙上的各个齿形的宽度来选择相对应的锁弹子。(　　)

(3)2010 款爱丽舍轿车的车门锁处两个橡皮堵塞是起美观装饰作用的。(　　)

(4)更换油箱锁芯时要用湿布堵住燃油加注口,以防发生危险。(　　)

(5)对于电子式钥匙,更换全车锁芯后必须重新匹配密码才能启动汽车。(　　)

8.5.2 评价总结

1. 通过分析其他小组的整体表现,找出对自己小组有帮助的地方。

2. 如果愿意吸取别人的优点,你可以重新确认你的工作步骤。

3. 通过本项目学习，你有哪些收获？

4. 根据下列评价表，看看自己的表现。

考核项目	评分标准	分数	学生自评（权数0.1）	小组互评（权数0.2）	教师评价（权数0.7）	小计
团队合作	是否和谐	5				
活动参与	是否积极主动	5				
任务方案	是否正确、合理	10				
安全生产	有无安全隐患	10				
工作态度	态度是否端正	20				
工作过程	1. 是否做了作业前的准备工作； 2. 拆装过程是否规范； 3. 车门锁弹子的匹配是否正确； 4. 回答问题是否正确	30				
任务完成情况	是否圆满完成	5				
工具使用情况	是否符合规范标准	5				
场地清理	场地是否整洁；工具设备是否归位。	10				
总分		100				
教师签名：			年　月　日		得分：	

5. 写下此时你最想对自己说的一句话。

6. 教师评语。

项目9　拆装车门玻璃升降器

9.1　项目指导

9.1.1　项目描述

车门玻璃升降器是按一定的驱动方式将汽车车窗玻璃沿玻璃导槽升起或下降,并能按要求停留在任意位置的装置,是调节车门玻璃开度大小的专用部件。当玻璃升降器出现故障时,车辆的正常使用及安全方面都会受到影响。同学们将在指导老师的带领下,利用8课时的时间,在车身结构与附件拆装学习工作站,对车门玻璃升降器的组成进行实物认知并使用拆装工具对其进行规范拆装。同学们应记录已完成的工作,自觉保持安全作业,遵守实训管理条例并确保符合“8S”管理的工作要求。

9.1.2　学习目标

同学们在教师的指导下借助工作页、视频等资料,了解并掌握车门玻璃升降器的功能、分类、工作原理、零部件组成等,正确选择拆装工具并对其进行规范拆装。

对已完成的任务进行记录、存档、评价及反馈。

9.1.3　学习重点及难点

学习重点:车门玻璃升降器的基本构造及拆装方法。

学习难点:掌握电动玻璃升降器的故障排除方法。

9.1.4　实训步骤及要求

1. 同学们进入工作站时,要认真、仔细阅读相关安全要求与说明,严格按照安全防护要求着装,并按老师的要求安全作业,否则可能会由于违反安全作业规程造成身体或设备的损伤。

2. 完成作业前的准备工作。

3. 断开开关插头,用数字万用表检查玻璃升降器开关是否完好,如

图 9 – 1 和图 9 – 2 所示(注:需要启动车辆时必须由指导教师操作)。

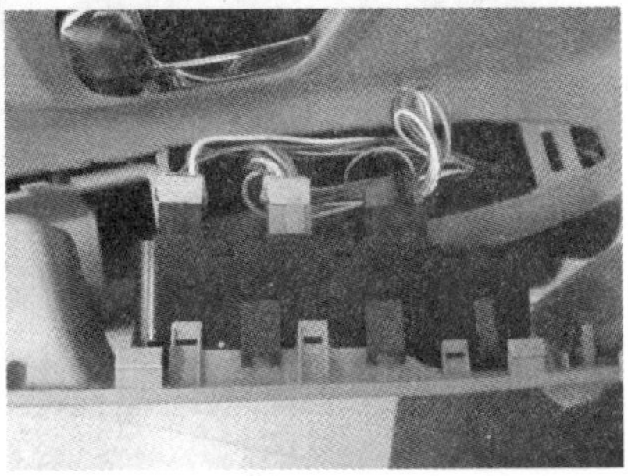

图 9 – 1

图 9 – 2

4. 拆卸车门内饰板及相关附件。

5. 拆卸导槽及车门玻璃。将车门玻璃降至一半的位置(图 9 – 3),再拆卸玻璃导槽(图 9 – 4),然后钩出弹簧卡销(图 9 – 5),最后取出车窗玻璃(图 9 – 6)。

图 9 – 3

图 9 – 4

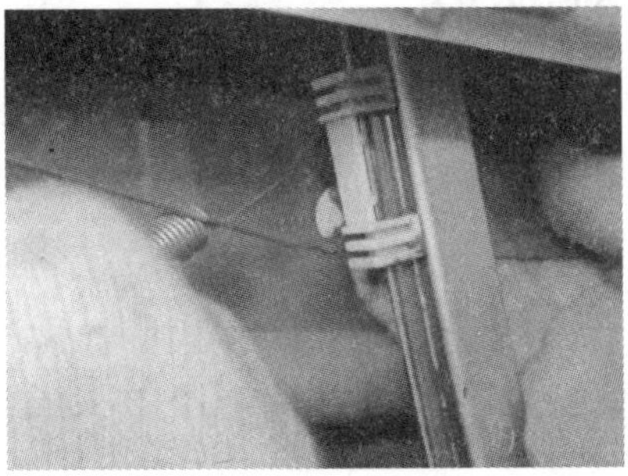

图 9 – 5

图 9 – 6

6. 拆卸电动玻璃升降器。

(1)拆卸 3 颗电动机固定六角螺母和 2 颗玻璃升降器滑槽固定螺母,如图 9 – 7 和图9 – 8所示。

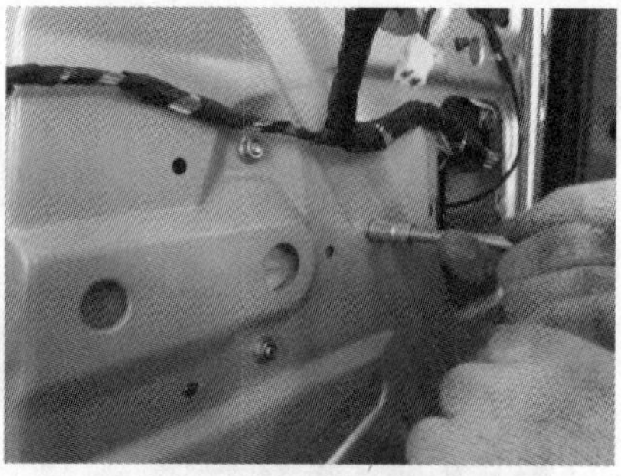

图 9 -7

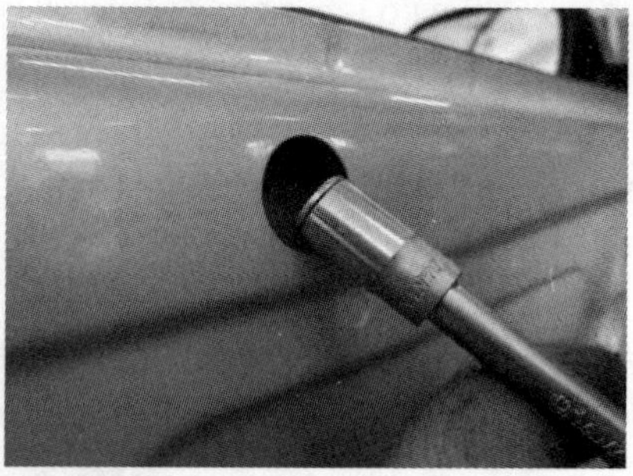

图 9 -8

(2)断开电动机插头,取出玻璃升降器,分别如图 9 - 9 和图 9 - 10 所示。

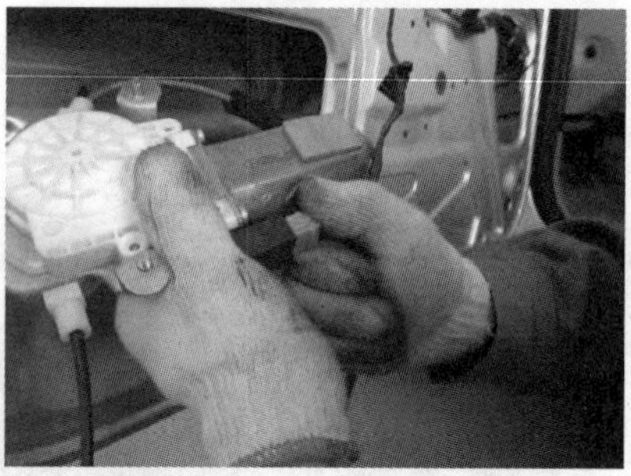

图 9 -9

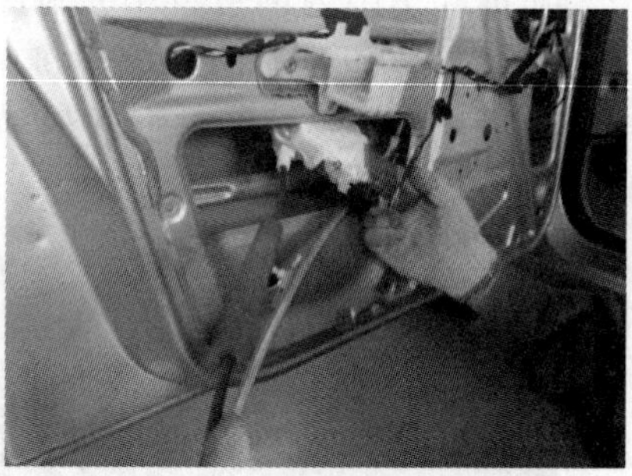

图 9 -10

7. 按照拆卸相反的顺序安装回位。

8. 清理工具,清洁工位。

9.2 资料收集

学习地点

车身结构与附件拆装学习工作站。

学习准备

多媒体设备、相应学习材料等。

学习过程

1. 经过小组讨论后,独立完成下表中的问题。

方式	引导问题	结论
独立完成	玻璃升降器是如何分类的?	

续表

方式	引导问题	结论
独立完成	绳轮式玻璃升降器有何特点?	
独立完成	电动玻璃升降器是如何工作的?	
独立完成	前车门电动玻璃升降器故障的检测工艺流程	

2. 观察看下图,识别车门玻璃升降器的安装结构部件(2010 款爱丽舍轿车)。

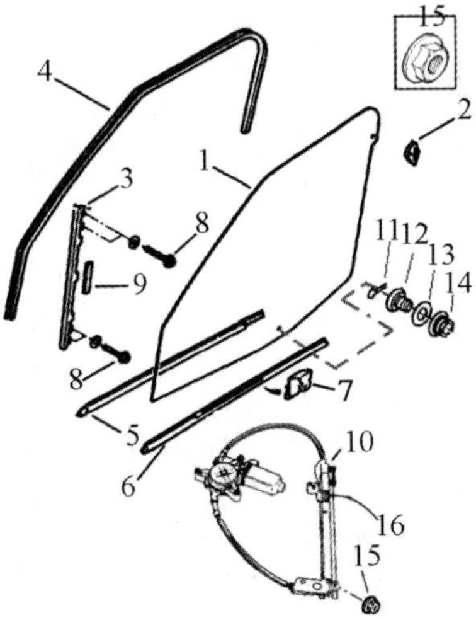

图中:1 为________;2 为________;
3 为________;4 为________;
5 为________;6 为________;
7 为________;8 为________;
9 为________;10 为________;
11 为________;12 为________;
13 为________;14 为________;
15 为________;16 为________。

9.3 制订、实施计划

学习地点

车身结构与附件拆装学习工作站。

学习准备

多媒体设备及其他相应学习材料等。

学习过程

9.3.1 制订计划

1. 经过小组讨论后，制订工作计划。

序号	工作步骤	工具及设备的使用	原则、技术标准、规定等	时间控制	备注

续表

序号	工作步骤	工具及设备的使用	原则、技术标准、规定等	时间控制	备注

2. 小组分工

<table>
<tr><td colspan="2">任务名称</td><td colspan="4"></td></tr>
<tr><td rowspan="2">职位</td><td rowspan="2">岗位职责</td><td rowspan="2">曾担任职位</td><td colspan="3">评　价</td></tr>
<tr><td>自评</td><td>互评</td><td>师评</td></tr>
<tr><td>组长</td><td>负责整个维修小组的管理、组织工作</td><td></td><td></td><td></td><td></td></tr>
<tr><td>安全员</td><td>负责对工艺流程、安全生产等方面进行监督和检查</td><td></td><td></td><td></td><td></td></tr>
<tr><td>讲解员</td><td>负责解释本组的任务实施方案</td><td></td><td></td><td></td><td></td></tr>
<tr><td>维修员</td><td>负责工具的使用、维护工作监督整个工艺流程的操作实施</td><td></td><td></td><td></td><td></td></tr>
<tr><td colspan="6">职位分为:维修小组组长 1 人、维修小组安全员 1 人、维修小组讲解员 1 人、维修小组维修员 1 人。每栏按每次担任的职位进行填写;曾担任职位栏打“√”表示;评价一栏按工作态度及完成效果分为 A—优秀;B—良好;C—合格;D—不合格四个档次</td></tr>
</table>

3. 方案检查

有无重大缺陷或存在不安全因素:□ 有　　□ 无

如果有重大缺陷或存在不安全因素需返回重新讨论并修改,直至教师签字认可。

教师意见:____________________　教师签字:__________

9.3.2　计划实施

1. 工位组长合理分配各个小组成员的任务,小组成员间相互协作。
2. 严格按照教师审核后的计划及工艺标准进行操作。
3. 对工作任务完成情况进行自检和互检。
4. 清理场地,确保工具及设备归位。
5. 写下此时你最想对自己说的一句话。

9.4　质量检验

学习地点

车身结构与附件拆装学习工作站。

学习准备

多媒体设备及其他相应学习材料。

学习过程

1. 对教师提出的问题进行记录，并寻求解决办法。

序号	存在的问题	存在的原因及解决办法	教师的评价

2. 观看老师的操作演示，记录操作要点，按规范工艺流程进行练习。

9.5 考核评价

学习地点

车身结构与附件拆装学习工作站。

学习准备

多媒体设备及其他相应学习材料。

学习过程

9.5.1 考核

（一）单项选择题

（1）车门玻璃应能停在（　　）位置上，既不下滑，也不会由于汽车颠簸而上下跳动。

A. 最上部　　　　B. 中部　　　　C. 任意

（2）（　　）属于柔式玻璃升降器。

A. 单臂式玻璃升降器　B. 双臂式玻璃升降器　C. 绳轮式玻璃升降器

（3）电动玻璃升降器电动机采用（　　）电动机。

A. 可逆性永磁直流　B. 可逆性永磁交流　C. 不可逆性永磁

（4）拆卸车门玻璃通常要将玻璃放置（　　）位置较为方便。

A. 最上部　　　　B. 最下部　　　　C. 中部

（5）下图中箭头所指的按钮是控制（　　）玻璃升降的。

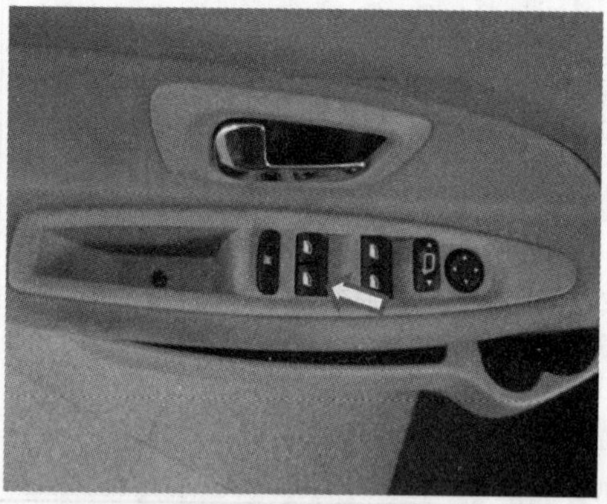

A. 左前门　　　　B. 右前门　　　　C. 右后门

（二）判断题（正确的打"√"，错误的打"×"）

（1）2010 款爱丽舍轿车车门玻璃升降器属于交叉臂式玻璃升降器。（　　）

（2）电动玻璃升降器正常工作时的电压应不低于 11V。（　　）

（3）若按下电动后窗切断开关则前门无法控制后窗玻璃升降。（　　）

（4）车门玻璃升降器一般都固定在车门内板上。（　　）

（5）当整车车窗均不能升降时一般先检查电动机是否出现故障。（　　）

9.5.2 评价总结

1. 通过分析其他小组的整体表现，找出对自己小组有帮助的地方。

2. 如果愿意吸取别人的优点,你可以重新确认你的工作步骤。

3. 通过本项目学习,你有哪些收获?

4. 根据下列评价表,看看自己的表现。

考核项目	评分标准	分数	学生自评(权数0.1)	小组互评(权数0.2)	教师评价(权数0.7)	小计
团队合作	是否和谐	5				
活动参与	是否积极主动	5				
任务方案	是否正确、合理	10				
安全生产	有无安全隐患	10				
工作态度	态度是否端正	20				
工作过程	1. 是否做了作业前的准备工作; 2. 拆装过程是否规范; 3. 回答问题是否正确	30				
任务完成情况	是否圆满完成	5				
工具使用情况	是否符合规范标准	5				
场地清理	场地是否整洁,工具设备是否归位	10				
总分		100				
教师签名:			年 月 日		得分:	

5. 写下此时你最想对自己说的一句话。

6. 教师评语。

项目 10　拆装与调整发动机罩及行李舱盖

10.1　项目指导

10.1.1　项目描述

车辆在发生前部碰撞或后部追尾等事故时,发动机罩及行李舱盖难免会受到不同程度的损伤。为此,同学们将在指导老师的带领下,利用 8 课时的时间,在车身结构与附件拆装学习工作站,对发动机罩及行李舱盖的组成进行实物认知,并使用拆装工具对其进行规范拆装与调整。同学们应记录已完成的工作,自觉保持安全作业,遵守实训管理条例及“8S”管理的工作要求。

10.1.2　学习目标

同学们在教师的指导下借助工作页、视频等资料,了解并掌握发动机罩及行李舱盖的功能、零部件组成、开启方法等,正确选择拆装工具对其进行规范拆装与调整。

对已完成的任务进行记录、存档、评价及反馈。

10.1.3　学习重点及难点

学习重点:发动机罩及行李舱盖的构造及拆装方法。

学习难点:掌握发动机罩及行李舱盖的调整方法。

10.1.4　实训步骤及要求

1. 同学们进入工作站时,要认真、仔细阅读相关安全要求与说明,严格按照安全防护要求着装,并按老师的要求安全作业,否则可能会由于违反安全作业规程造成身体或设备的损伤。

2. 完成作业前的准备工作。

3. 拆卸发动机罩。

(1)取下图形卡环(图 10 - 1),拆下塑料卡夹(图 10 - 2),拆卸发动机罩镀铬装饰条。

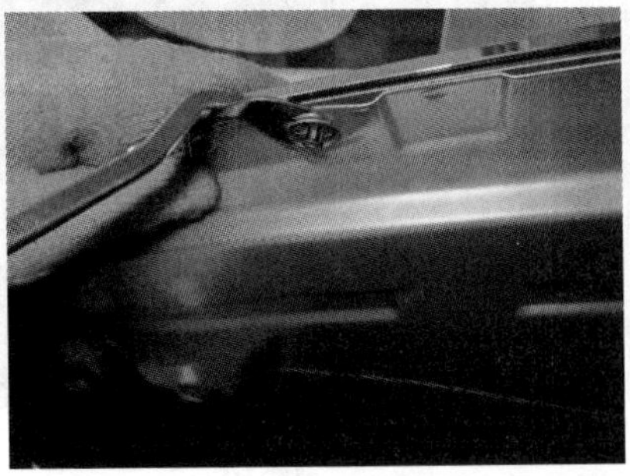

图 10 - 1

图 10 - 2

(2)拆卸发动机罩后密封条、可调式橡胶缓冲块及密封条。

1)依次拆下固定塑料卡扣共 12 颗,取下发动机罩后密封条,如图 10 - 3 所示。

图 10 - 3

2)将可调式橡胶缓冲块逆时针旋下,小心拆下海绵块,分别如图 10 - 4 和图 10 - 5 所示。

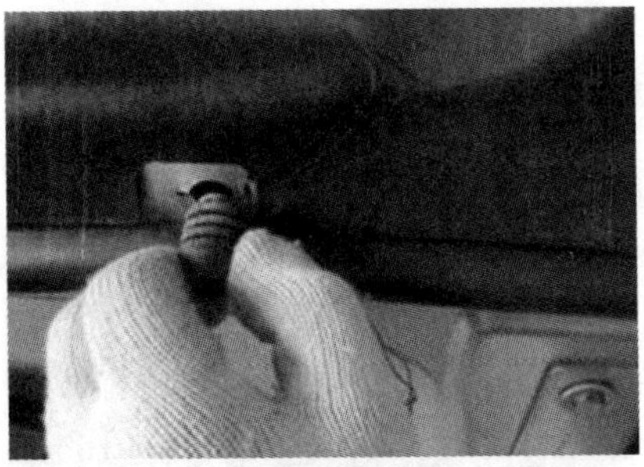

图 10 - 4

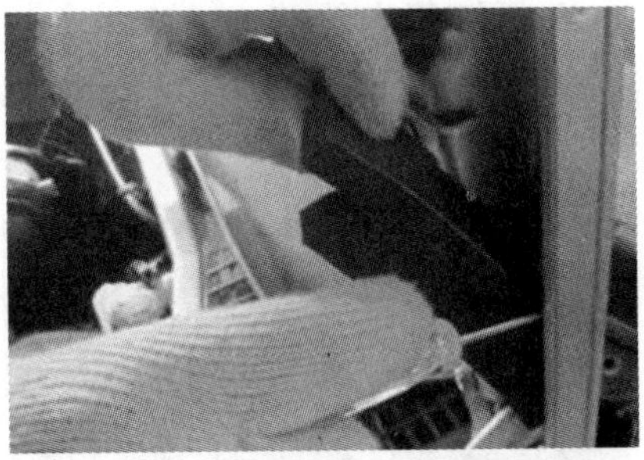

图 10 - 5

(3)拆卸发动机罩总成(注:需两人相互配合完成此项操作)。

1)拆下前风窗玻璃洗涤喷嘴及软管,如图 10 - 6 和图 10 - 7 所示。

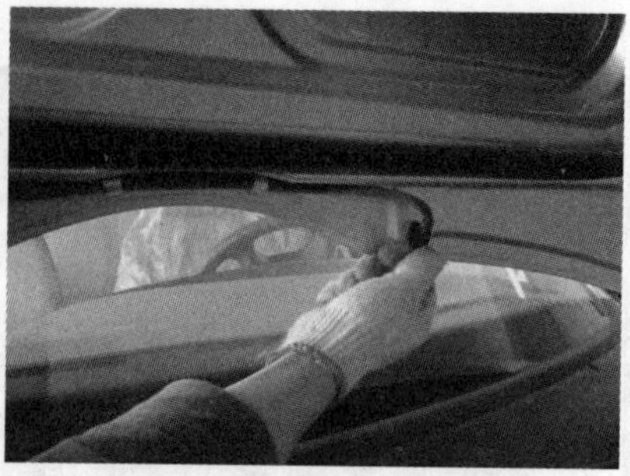

图 10－6

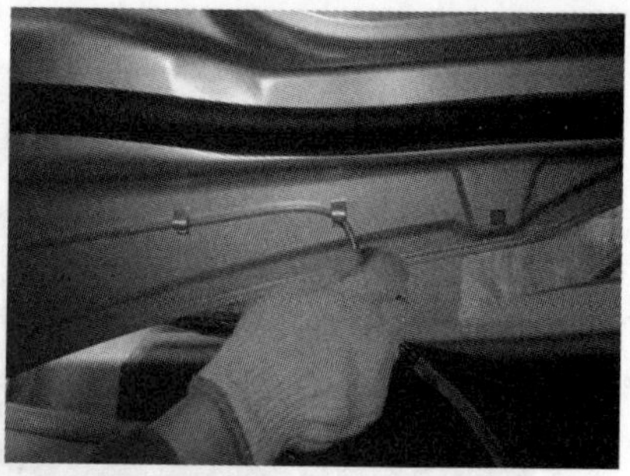

图 10－7

2）两人相互协作，拆下发动机罩固定螺栓（图 10－8），取下发动机罩总成。

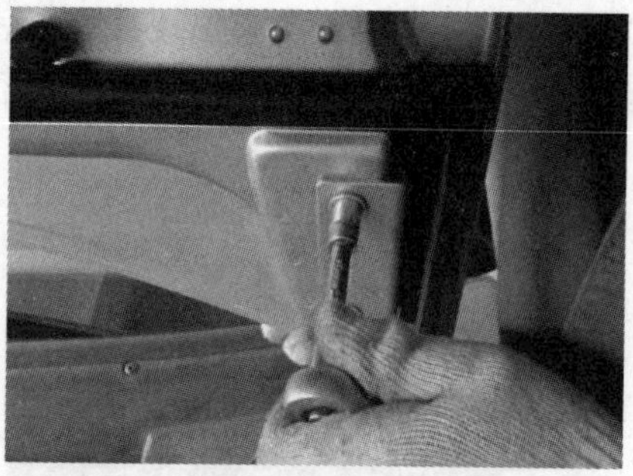

图 10－8

☞**小提示**：为了避免损坏其他零部件，应找名助手帮忙固定住发动机罩。将你的肩膀放在发动机罩下面，同时用一只手撑住发动机罩底部边缘，这样可以防止发动机罩滑下来从而撞到前风窗玻璃、前围板或前翼子板上。用肩部支承住发动机罩的重量，用另一只自由的手拆卸发动机罩铰链螺栓。

4. 拆卸行李舱盖。

（1）开启行李舱盖，拆下行李舱盖隔音垫，分别如图 10－9 和图 10－10 所示。

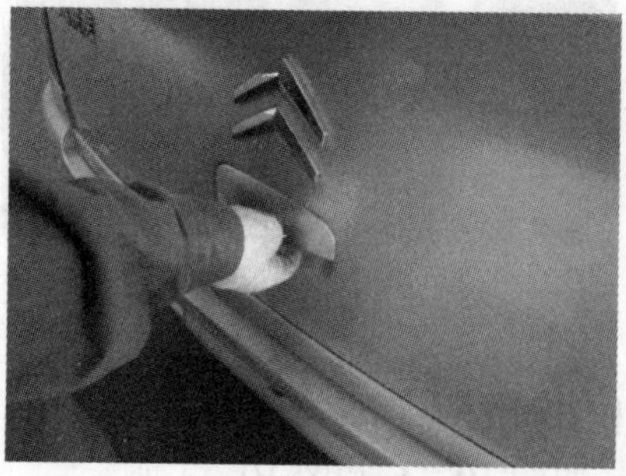

图 10－9

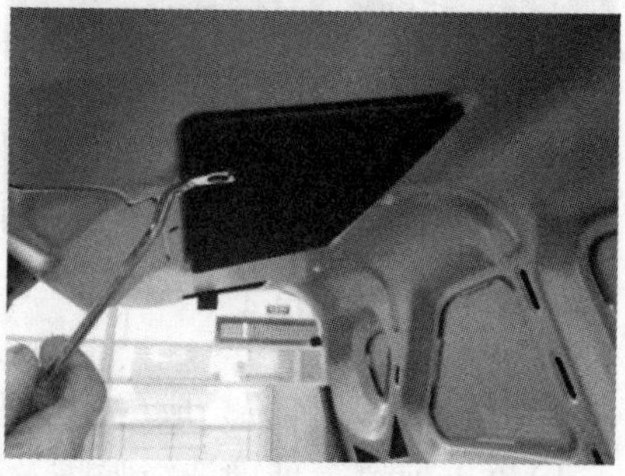

图 10－10

(2)拆卸行李舱盖锁。

1)拆下行李舱盖锁固定螺钉,共2颗,如图10－11所示。

2)推开倒卡,如图10－12所示。

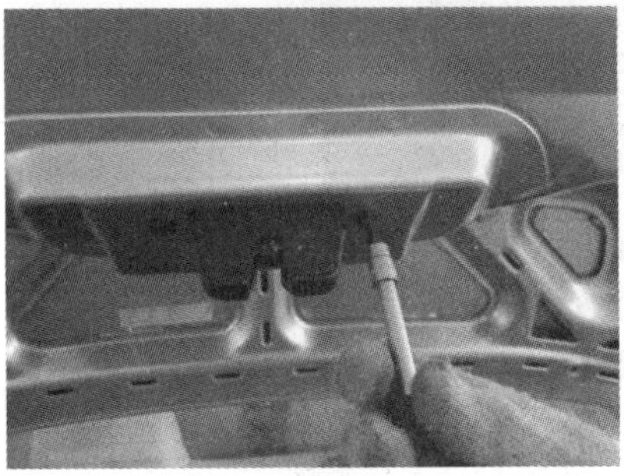

图10－11

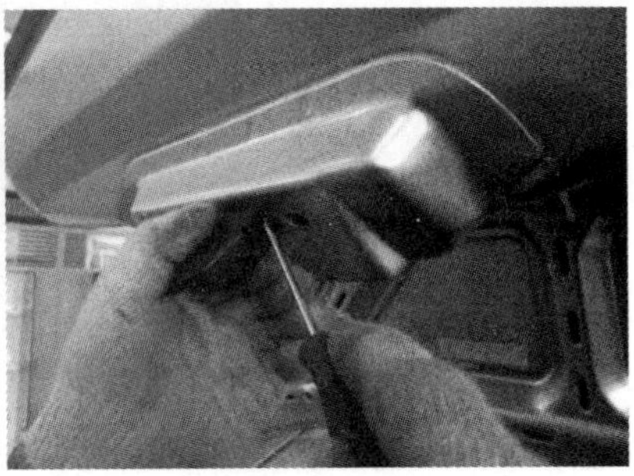

图10－12

3)拔下插头,取下行李舱盖锁,如图10－13所示。

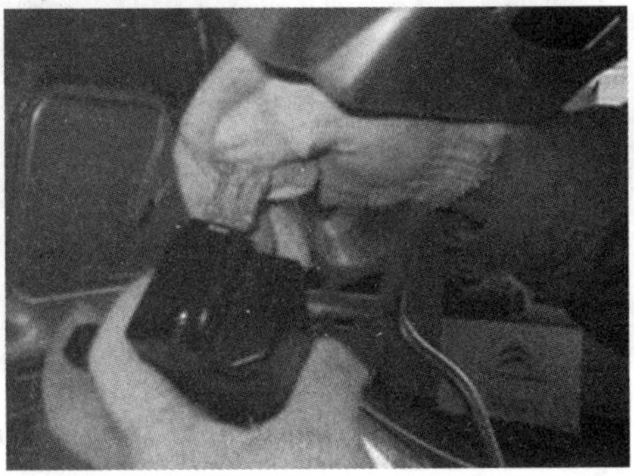

图10－13

(3)拆卸行李舱盖外开启手柄及相关组成零部件。

1)拔下行李舱盖外开启手柄插头,如图10－14所示。

2)拆卸行李舱盖外开启手柄固定螺母,如图10－15所示。

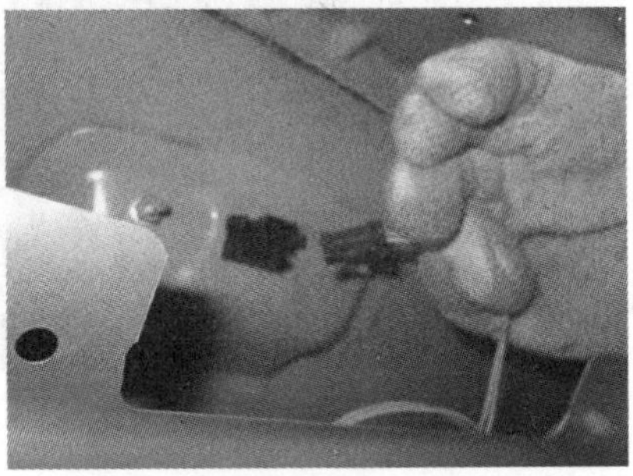

图10－14

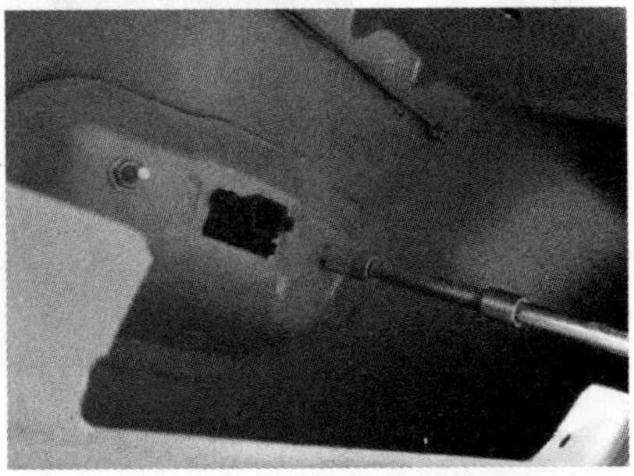

图10－15

3）用手按压两边的倒卡，取下行李舱盖外开启手柄，如图 10－16 所示。

图 10－16

4）小心撬起卡夹，分离壳盖，分别如图 10－17 和图 10－18 所示。

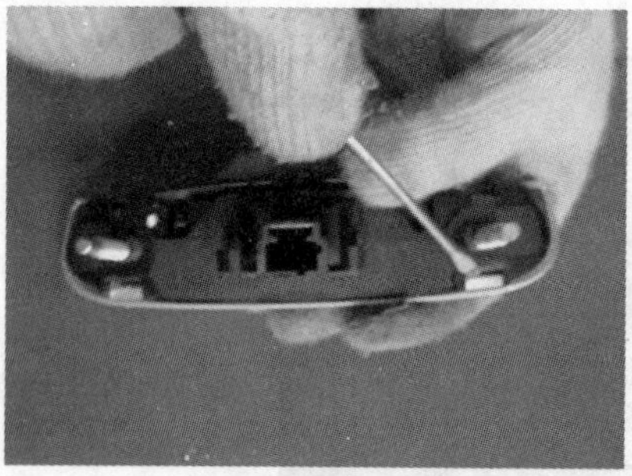

图 10－17

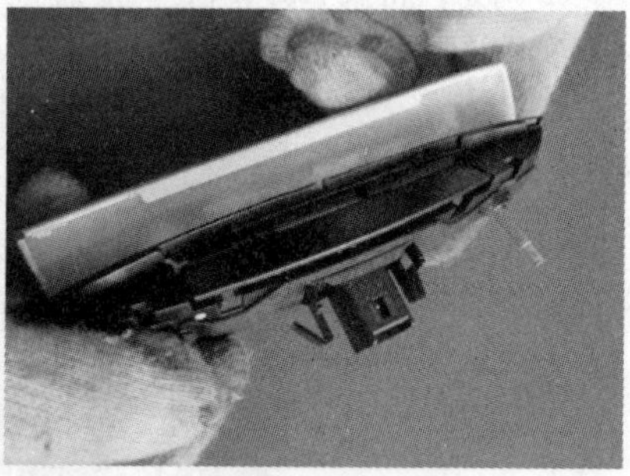

图 10－18

5）取下密封垫，撬开倒卡，拆卸行李舱盖锁触发开关，如图 10－19 至图 10－21 所示。

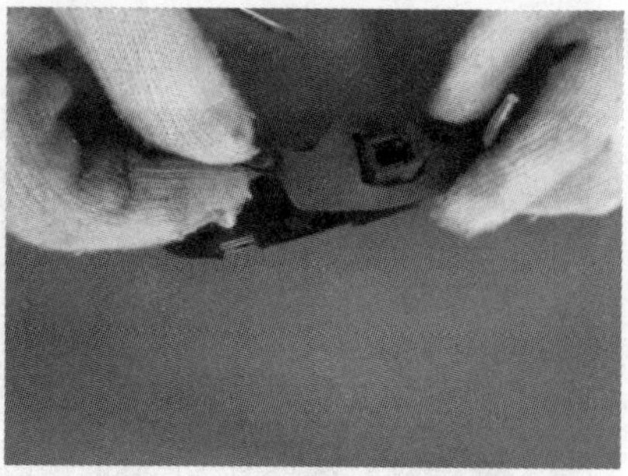

图 10－19

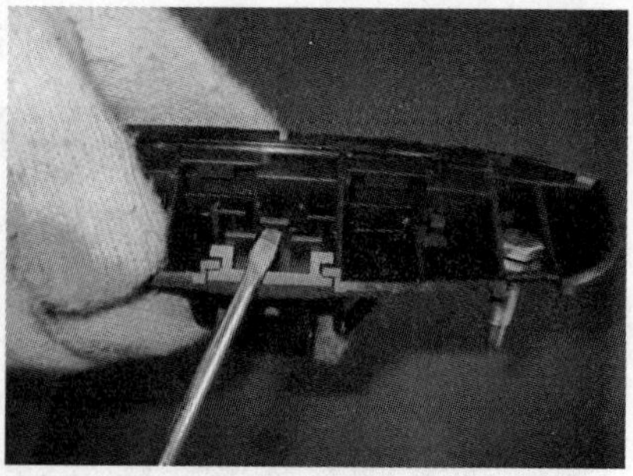

图 10－20

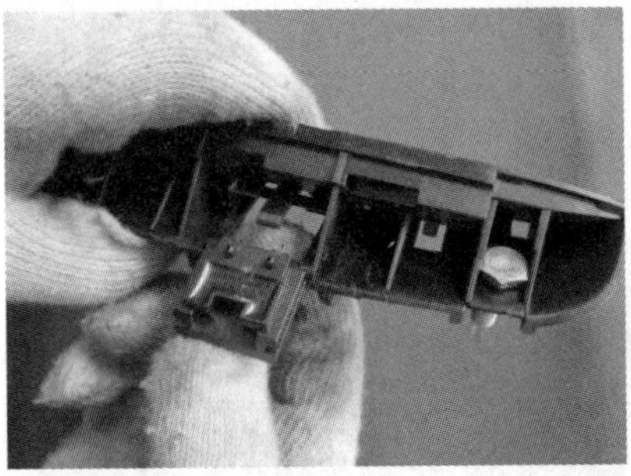

图 10－21

(4)拆卸线束。

1)拆下线束固定卡扣和橡胶护罩固定卡扣，分别如图 10－22 和图 10－23 所示。

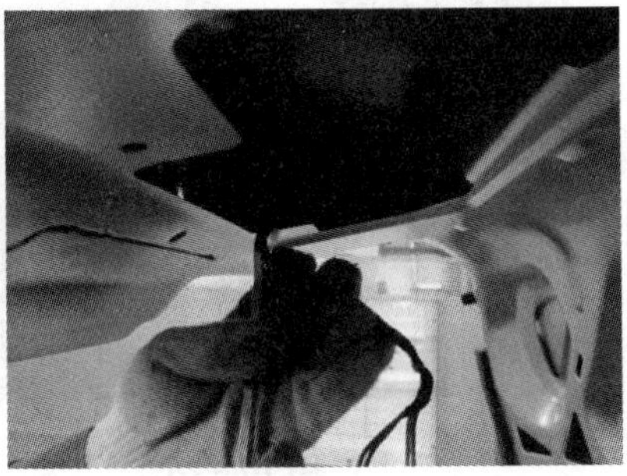

图 10－12

图 10－23

2)拆下橡胶护罩，取下线束橡胶圈，如图 10－24 和图 10－25 所示。

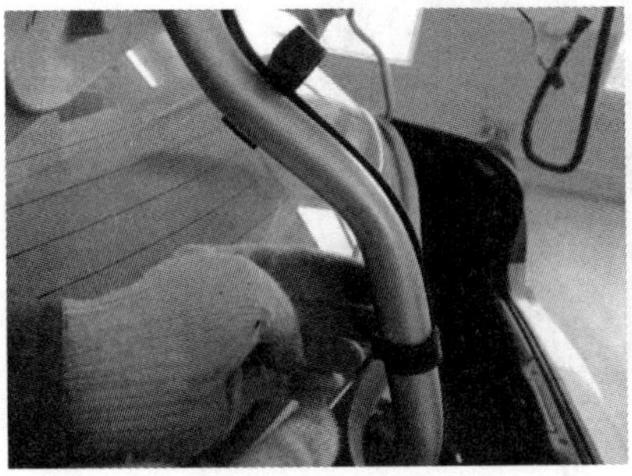

图 10－24

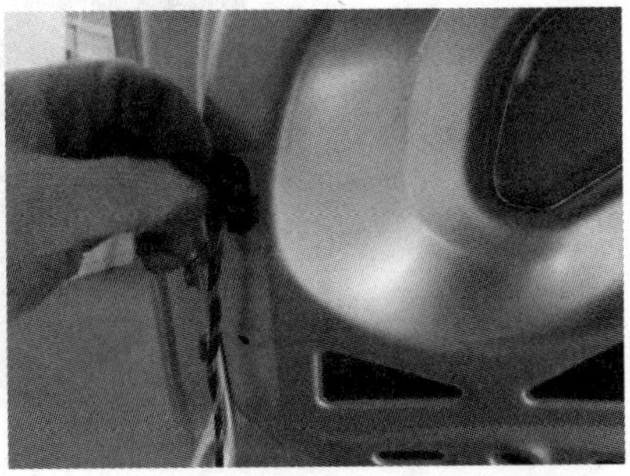

图 10－25

3)慢慢拉出线束,如图 10 - 26 所示。

图 10 - 26

(5)拆下固定螺钉,小心撬开固定卡扣,然后拆卸行李舱盖镀铬装饰条,如图 10 - 27 和图 10 - 28 所示。

图 10 - 27

图 10 - 28

(6)拆下固定螺栓后,拆卸行李舱盖总成,如图 10 - 29 所示(注:需两人相互配合完成此项操作)。

图 10 - 29

☞**小提示:**为了标记行李舱盖的原始安装位置,可将铰链侧面接触行李舱盖的位置周围划出定位标记。可能的话,还需在铰链在车身上的安装位置做上标记。在重新安装时,可以利用这些标记大致调整铰链和行李舱盖,节约维修时间。

5. 按照拆卸相反的顺序安装回位。

6. 用专用塞尺检查配合间隙，并将左右翼子板调整平齐，如图 10－30 和图 10－31 所示。

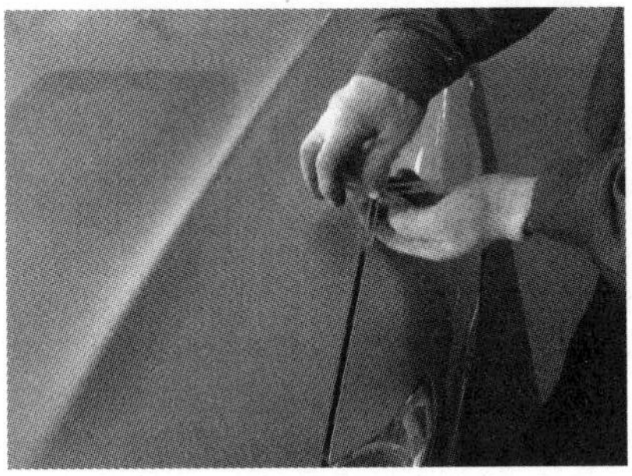

图 10－30

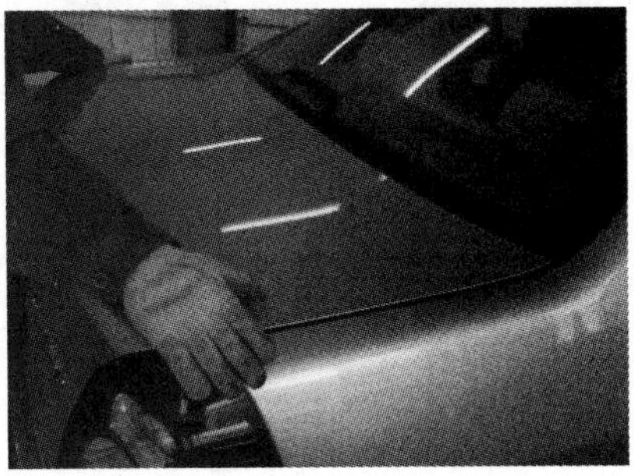

图 10－31

7. 清理工具，清洁工位。

10.2　资料收集

学习地点

车身结构与附件拆装学习工作站。

学习准备

多媒体设备及其他相应学习材料。

学习过程

1. 经过小组讨论后，独立完成下表中的问题。

方式	引导问题	结论
独立完成	发动机罩的作用是什么？	
独立完成	一般有哪两种方法可以开启行李舱盖？	
独立完成	行李舱盖锁的故障检测工艺流程。	
独立完成	如何调整发动机罩	

2. 看图识别发动机罩及行李舱盖的组成部件(2010 款爱丽舍轿车)。

(1)发动机罩组成部件。

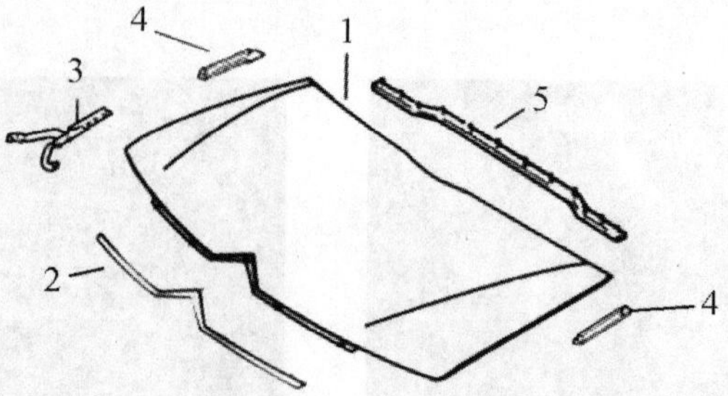

图中:1 为______________________;

2 为______________________;

3 为______________________;

4 为______________________;

5 为______________________。

(2)行李舱盖的组成部件。

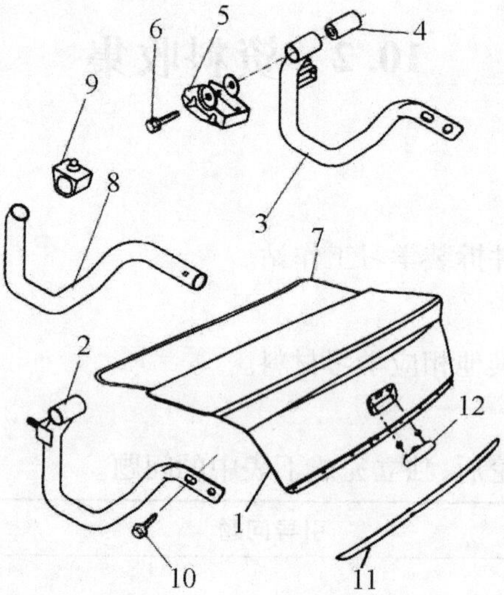

图中:1 为______________________;2 为______________________;

3 为______________________;4 为______________________;

5 为______________________;6 为______________________;

7 为______________________;8 为______________________;

9 为______________________;10 为______________________;

11 为______________________;12 为______________________。

10.3 制订、实施计划

学习地点

车身结构与附件拆装学习工作站。

学习准备

2010 款爱丽舍轿车、拆装工具、专用塞尺、多媒体设备及其他相应学习材料。

学习过程

10.3.1 制订计划

1. 经过小组讨论后,制订工作计划。

序号	工作步骤	工具及设备的使用	原则、技术标准、规定等	时间控制	备注

续表

序号	工作步骤	工具及设备的使用	原则、技术标准、规定等	时间控制	备注

2. 小组分工

<table>
<tr><td>任务名称</td><td colspan="5"></td></tr>
<tr><td rowspan="2">职位</td><td rowspan="2">岗位职责</td><td rowspan="2">曾担任职位</td><td colspan="3">评　价</td></tr>
<tr><td>自评</td><td>互评</td><td>师评</td></tr>
<tr><td>组长</td><td>负责整个维修小组的管理、组织工作</td><td></td><td></td><td></td><td></td></tr>
<tr><td>安全员</td><td>负责对工艺流程、安全生产等方面进行监督和检查</td><td></td><td></td><td></td><td></td></tr>
<tr><td>讲解员</td><td>负责解释本组的任务实施方案</td><td></td><td></td><td></td><td></td></tr>
<tr><td>维修员</td><td>负责工具的使用、维护工作及监督整个工艺流程的操作实施</td><td></td><td></td><td></td><td></td></tr>
<tr><td colspan="6">职位包括:维修小组组长 1 人、维修小组安全员 1 人、维修小组讲解员 1 人、维修小组维修员 1 人。每栏按每次担任的职位进行填写;曾担任职位栏打“√”表示;评价一栏按工作态度及完成效果分为 A—优秀;B—良好;C—合格;D—不合格四个档次</td></tr>
</table>

3. 方案检查

有无重大缺陷或存在不安全因素:□ 有　　□ 无

如果有重大缺陷或存在不安全因素需返回重新讨论并修改,直至教师签字认可。

教师意见:____________________　教师签字:__________

10.3.2　计划实施

1. 工位组长合理分配各个小组成员的任务,小组成员间相互协作。
2. 严格按照教师审核后的计划及工艺标准进行操作。
3. 对工作任务完成情况进行自检和互检。
4. 清理场地,确保工具设备归位。
5. 写下此时你最想对自己说的一句话。

10.4　质量检验

学习地点

车身结构与附件拆装学习工作站。

学习准备

多媒体设备及其他相应学习材料。

学习过程

1. 对教师提出的问题进行记录,并寻求解决办法。

序号	存在的问题	存在的原因及解决办法	教师的评价

2. 观看老师的操作演示,记录操作要点,按规范工艺流程进行练习。

10.5 考核评价

学习地点

车身结构与附件拆装学习工作站。

学习准备

多媒体设备及其他相应学习材料。

学习过程

10.5.1 考核

（一）单项选择题

(1)发动机罩开启时一般是向(　　)翻转。

A. 前　　B. 后　　C. 侧向

(2)有的行李舱盖上安装了尾翼,其主要目的是(　　)。

A. 美观　　B. 空气导流　　C. 特殊用途

(3)发动机罩内板与外板之间除了电阻点焊连接外还使用了(　　)。

A. 铆接　　B. 胶接　　C. 卡扣连接

(4)开启2010款爱丽舍轿车行李舱盖有(　　)方式。

A. 一种　　B. 两种　　C. 三种

(5)拆卸2010款爱丽舍轿车行李舱盖总成需使用(　　)的套筒。

A. 10mm　　B. 12mm　　C. 13mm

（二）判断题(正确的打"√",错误的打"×")

(1)发动机舱着火时,应立即开启发动机罩以便散热。(　　)

(2)更换发动机罩时一般需要两人共同完成。(　　)

(3)当电动中央门锁机构出现故障时,可拨动备用模式开启锁孔即可开启行李舱盖。(　　)

(4)可调式橡胶缓冲块只能起缓冲发动机罩或行李舱盖重量的作用。(　　)

(5)为了节约维修时间,可在铰链处做好标记以方便重新安装。(　　)

10.5.2 评价总结

1. 通过分析其他小组的整体表现,找出对自己小组有帮助的地方。

2. 如果愿意吸取别人的优点,你可以重新确认你的工作步骤。

3. 通过本项目学习，你有哪些收获？

4. 根据下列评价表，看看自己的表现。

考核项目	评分标准	分数	学生自评（权数 0.1）	小组互评（权数 0.2）	教师评价（权数 0.7）	小计
团队合作	是否和谐	5				
活动参与	是否积极主动	5				
任务方案	是否正确、合理	10				
安全生产	有无安全隐患	10				
工作态度	态度是否端正	20				
工作过程	1. 是否做了作业前的准备工作； 2. 拆装过程是否规范； 3. 调整是否到位； 4. 回答问题是否正确	30				
任务完成情况	是否圆满完成	5				
工具使用情况	是否符合规范标准	5				
场地清理	场地是否整洁，工具设备是否归位	10				
总分		100				
教师签名：			年　月　日		得分：	

5. 写下此时你最想对自己说的一句话。

6. 教师评语。

项目 11　拆装前、后座椅及安全带

11.1　项目指导

11.1.1　项目描述

汽车座椅作为汽车重要的内部附件，为驾驶员及乘员提供舒适的乘坐环境；安全带是车辆发生事故时保护车内乘员最有效的设备之一。同学们将在指导老师的带领下，利用 8 课时的时间，在车身结构与附件拆装学习工作站，对前、后座椅及安全带的组成进行实物认知并使用拆装工具对其进行规范拆装与调整。同学们应记录已完成的工作，自觉保持安全作业，遵守实训管理条例并确保符合“8S”管理的工作要求。

11.1.2　学习目标

同学们在教师的指导下借助工作页、视频等资料，了解并掌握前、后座椅及安全带的功能、零部件组成、使用方法等，正确选择拆装工具对其进行规范拆装与调整。

对已完成的任务进行记录、存档和评价反馈。

11.1.3　学习重点及难点

学习重点：前、后座椅及安全带的构造及拆装方法。

学习难点：掌握预张紧式安全带的工作原理。

11.1.4　实训步骤及要求

1. 同学们进入工作站时，要认真、仔细阅读相关安全要求与说明，严格按照安全防护要求着装，并按老师的要求安全作业，否则可能会由于违反安全作业规程造成身体或设备的损伤。

2. 完成作业前的准备工作。

3. 将前座椅向后移至极限，拆下固定螺钉 2 颗，如图 11－1 所示。

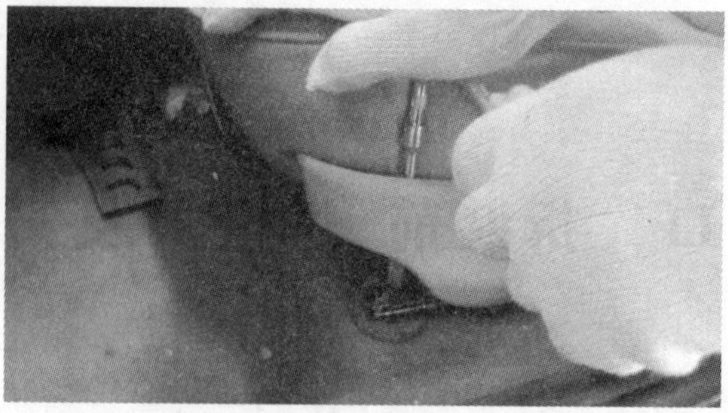

图 11 -1

4. 将前座椅向前移至极限,用相同的工具拆下固定螺钉 2 颗,如图11 -2 所示。

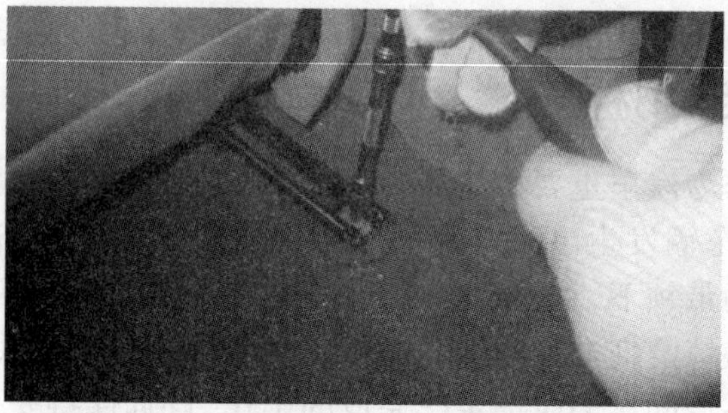

图 11 -2

5. 断开安全气囊插头,取出前座椅,如图 11 -3 所示。

图 11 -3

6. 拆卸座椅左右护板。先拆卸座椅靠背调节手柄(图 11 -4),再拆卸座椅左、右护板固定螺钉(图 11 -5 和图 11 -6),然后拆卸座椅右护板固定螺钉(图 11 -7),最后拆卸座椅左右护板。

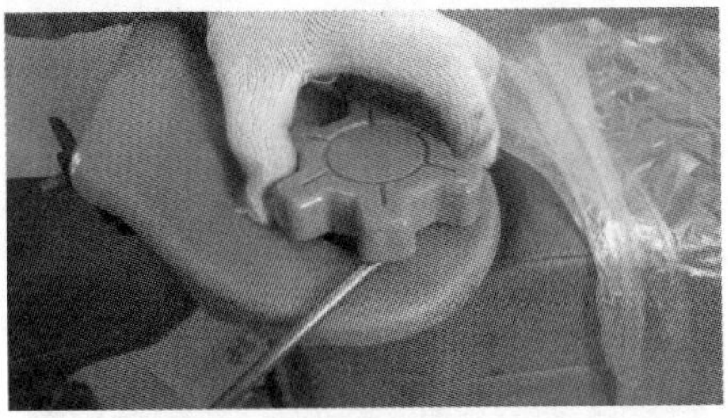

图 11 -4

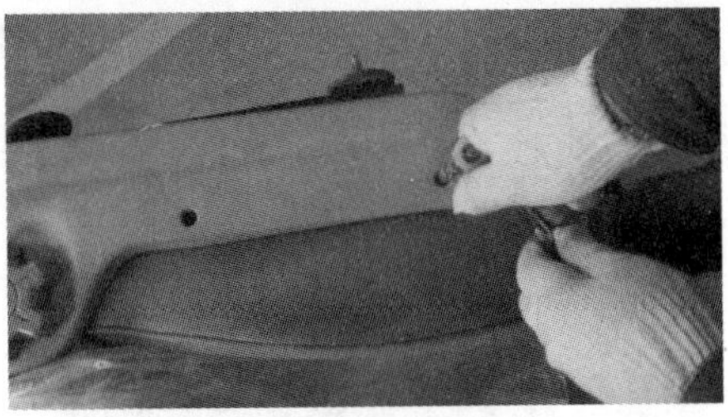

图 11 -5

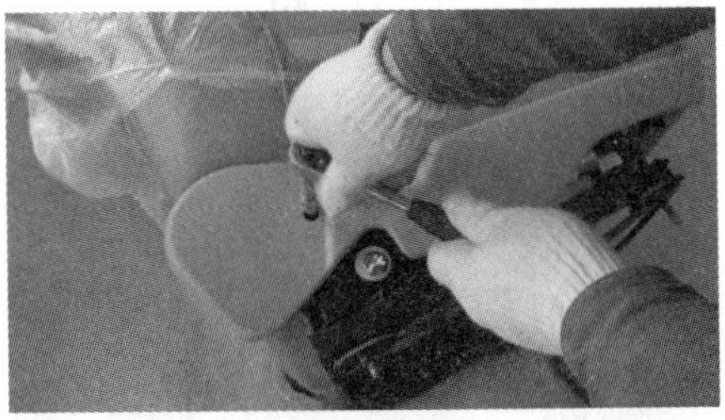

图 11 -6

图 11 -7

7. 拆卸前座椅滑轨。先拆卸座椅左滑轨固定螺钉(图 11 -8),再拆卸座椅右滑轨固定螺钉(图 11 -9),最后拆卸前座椅滑轨。

图 11 -8

图 11 -9

8. 两人配合将后排座椅垫翻起(图 11 - 10),最后拆卸后排座椅垫(图 11 -11)。

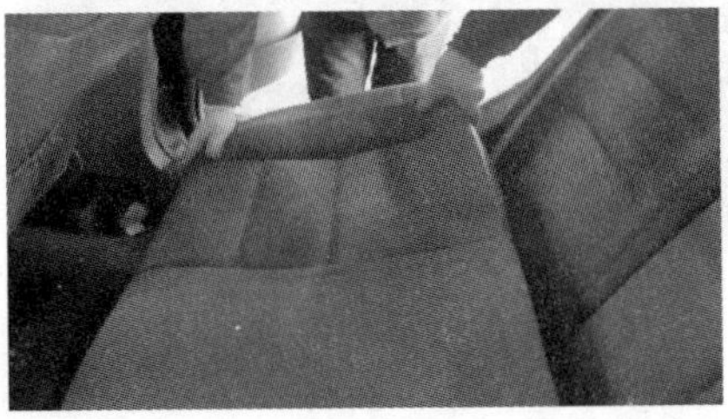

图 11 -10

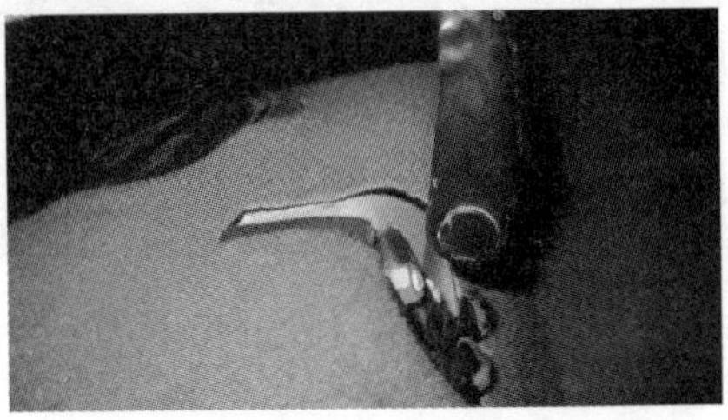

图 11 -11

9. 拆卸后排座椅靠背。先拆卸后排座椅靠背固定螺栓(图 11 -12),再拆卸后排座椅靠背固定卡夹(图 11 -13)。而后再拆卸后行李箱隔音垫卡扣

(图 11－14)，最后两人配合拆卸后排座椅靠背(图 11－15)。

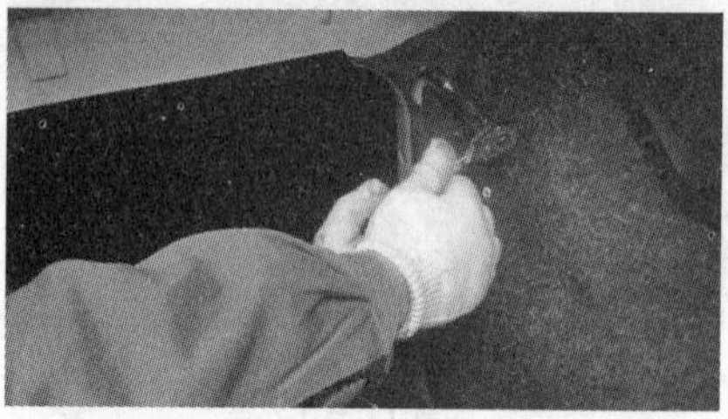

图 11－12

图 11－13

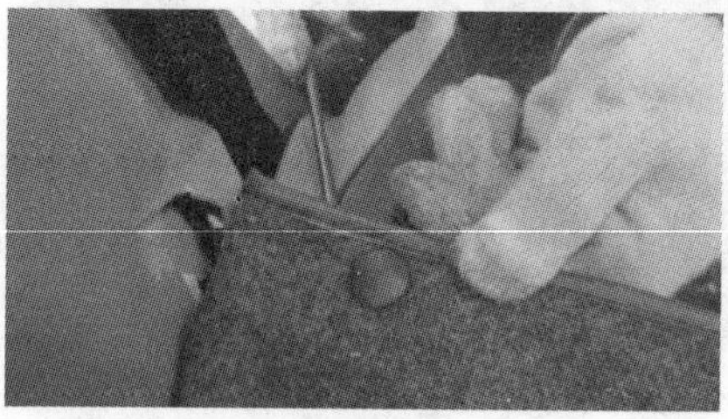

图 11－14

图 11－15

10. 拆卸安全带。

(1)拆卸安全带上固定螺栓，如图 11－16 所示。

(2)拆卸安全带高度调节手柄，如图 11－17 所示。

(3)拆卸安全带下固定螺栓，如图 11－18 所示。

(4)拆卸安全带下护板固定螺钉，如图 11－19 所示。

(5)取下下护板及安全带，如图 11－20 所示。

(6)拆卸车门框密封条，如图 11－21 所示。

(7)撬开安全带上护板，如图 11－22 所示。

(8)拆卸安全带上护板固定螺钉，如图 11－23 所示。

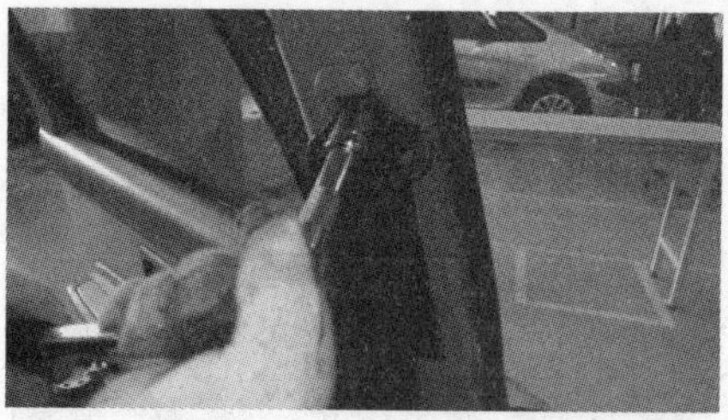

图 11－16

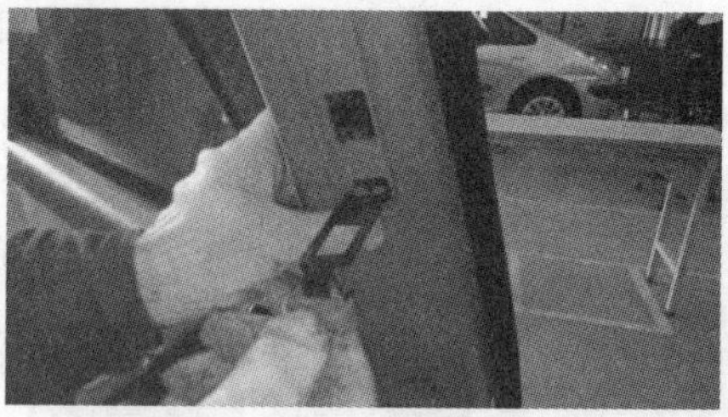

图 11－17

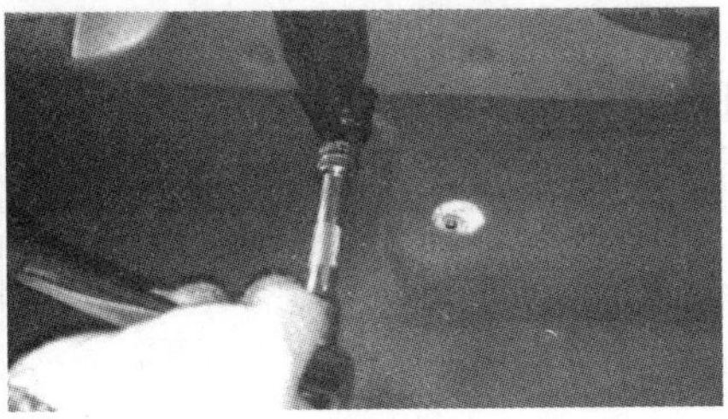

图 11－18

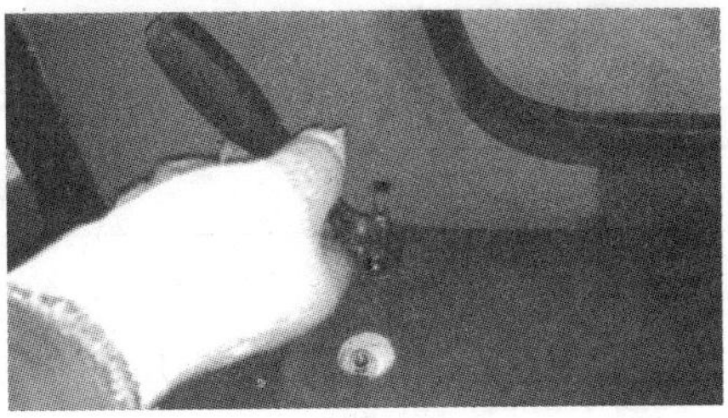

图 11－19

图 11－20

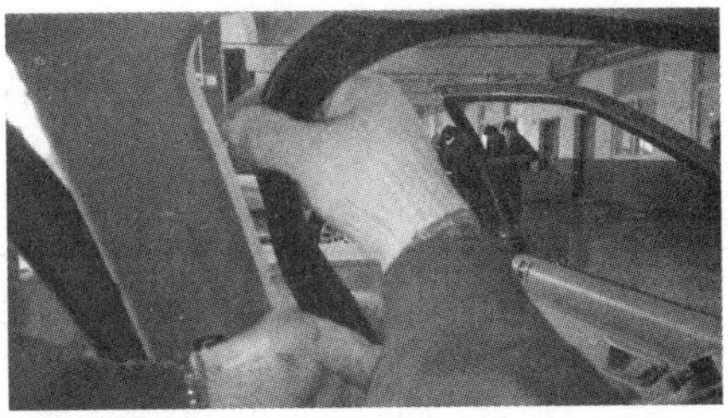

图 11－21

图 11－22

图 11－23

11. 按照拆卸相反的顺序安装回位。

12. 清理工具,清洁工位。

11.2　资料收集

学习地点

车身结构与附件拆装学习工作站。

学习准备

多媒体设备及其他相应学习材料。

学习过程

1. 经过小组讨论后，独立完成下表问题。

方式	引导问题	结论
独立完成	轿车的前座椅一般可实现几个方向的调节？	
独立完成	汽车安全带的作用及其原理	

2. 看下图识别前、后座椅及安全带的组成部件（2010 款爱丽舍轿车）。

（1）前座椅组成部件。

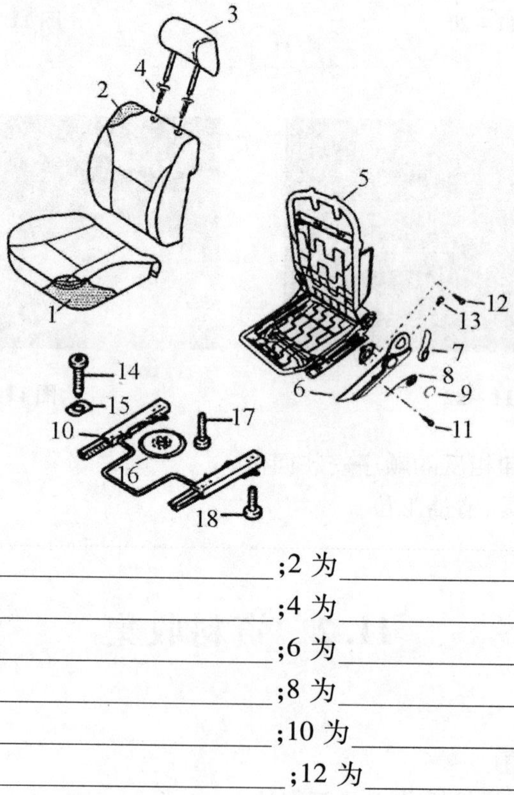

图中：1 为________________；2 为________________；

3 为________________；4 为________________；

5 为________________；6 为________________；

7 为________________；8 为________________；

9 为________________；10 为________________；

11 为________________；12 为________________；

13 为________________；14 为________________；

15 为________________；16 为________________；

17 为________________；18 为________________。

(2)后座椅组成部件。

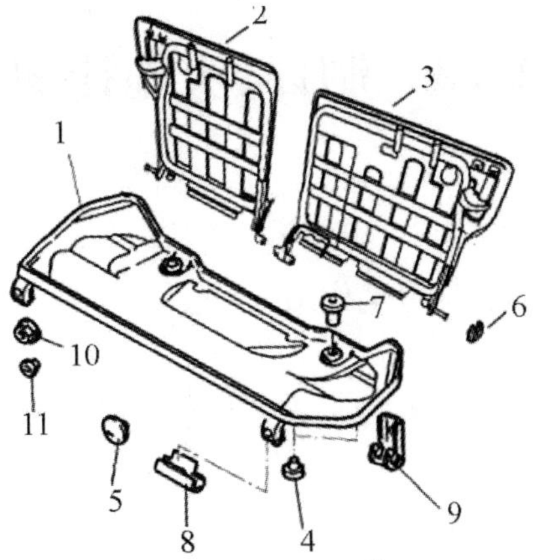

图中:1 为________________________;2 为________________________;

3 为________________________;4 为________________________;

5 为________________________;6 为________________________;

7 为________________________;8 为________________________;

9 为________________________;10 为________________________;

11 为________________________。

(3)安全带的组成部件。

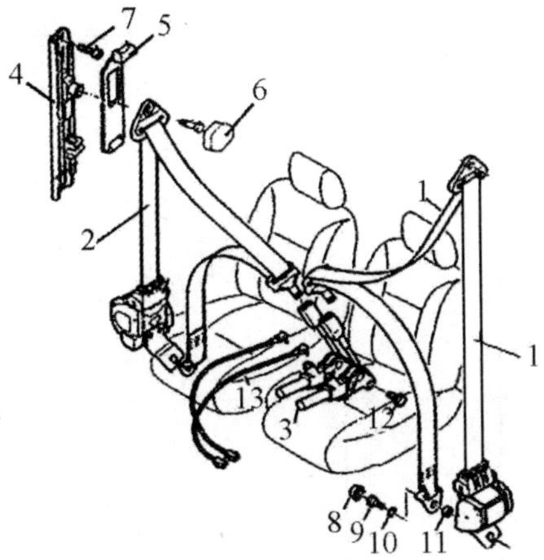

图中:1 为________________________;2 为________________________;

3 为________________________;4 为________________________;

5 为________________________;6 为________________________;

7 为________________________;8 为________________________;

9 为________________________;10 为________________________;

11 为________________________;12 为________________________;

13 为________________________。

11.3 制订、实施计划

学习地点

车身结构与附件拆装学习工作站。

学习准备

2010 款爱丽舍轿车、拆装工具、多媒体设备及其他相应学习材料。

学习过程

11.3.1 制订计划

1. 经过小组讨论后,制订工作计划。

序号	工作步骤	工具及设备的使用	原则、技术标准、规定等	时间控制	备注

续表

序号	工作步骤	工具及设备的使用	原则、技术标准、规定等	时间控制	备注

2. 小组分工

任务名称					
职位	岗位职责	曾担任职位	评　价		
			自评	互评	师评
组长	负责整个维修小组的管理、组织工作				
安全员	负责对工艺流程、安全生产等方面进行监督和检查				
讲解员	负责解释本组的任务实施方案				
维修员	负责工具的使用、维护工作及监督整个工艺流程的操作实施				
职位包括:维修小组组长 1 人、维修小组安全员 1 人、维修小组讲解员 1 人、维修小组维修员 1 人。每栏按每次担任的职位进行填写;曾担任职位栏打"√"表示;评价一栏按工作态度及完成效果分为 A—优秀;B—良好;C—合格;D—不合格四个档次					

3. 方案检查

有无重大缺陷或存在不安全因素:□ 有　　□ 无

如果有重大缺陷或存在不安全因素需返回重新讨论并修改,直至教师签字认可。

教师意见:________________________　教师签字:____________

11.3.2　计划实施

1. 工位组长合理分配各个小组成员的任务,小组成员间相互协作。
2. 严格按照教师审核后的计划及工艺标准进行操作。
3. 对工作任务完成情况进行自检和互检。
4. 清理场地确保工具设备归位。
5. 写下此时你最想对自己说的一句话。

11.4　质量检验

学习地点

车身结构与附件拆装学习工作站。

学习准备

多媒体设备及其他相应学习材料。

学习过程

1. 对教师提出的问题进行记录,并寻求解决办法。

序号	存在的问题	存在的原因及解决办法	老师的评价

2. 观看老师的操作演示,记录操作要点,按规范工艺流程进行练习。

11.5 考核评价

学习地点

车身结构与附件拆装学习工作站。

学习准备

多媒体设备及其他相应学习材料。

学习过程

11.5.1 考核

(一)单项选择题

(1)汽车座椅按材质分一般可分为绒布座椅和(　　)座椅。

A. 真皮　　B. 木质　　C. 塑料

(2)儿童座椅通常装在汽车的(　　)上。

A. 前座　　B. 后座　　C. 前座与后座之间

(3)轿车目前普遍使用的是(　　)安全带。

A. 两点式　　B. 三点式　　C. 四点式

(4)经济型轿车的座椅头枕一般只能(　　)调节。

A. 上下　　B. 前后　　C. 左右

(5)下图中箭头所指手柄是用来调节(　　)。

A. 座椅前后距离　　B. 靠背倾斜角度　　C. 座椅高度

(二)判断题(正确的打"√",错误的打"×")

(1)真皮座椅污物可以使用化学清洗剂清洗。　　(　　)

(2)为了行车安全,前座椅的调整应在车辆停止状态时进行。　　(　　)

(3)绒布座椅的散热性较好,因此夏天坐着非常舒适。　　(　　)

(4)预张紧式安全带的最大特点是能消除安全带与身体之间的间隙,减小乘员的位移。然后锁止织带,防止乘员身体前倾,有效保护乘员的安全。　　(　　)

(5)2010 款爱丽舍轿车的后座椅靠背不能放下来。　　(　　)

11.5.2 评价总结

1. 通过分析其他小组的整体表现,找出对自己小组有帮助的地方。

2. 如果愿意吸取别人的优点，你可以重新确认你的工作步骤。

3. 通过本项目学习，你有哪些收获？

4. 根据下列评价表，看看自己的表现。

考核项目	评分标准	分数	学生自评（权数0.1）	小组互评（权数0.2）	教师评价（权数0.7）	小计
团队合作	是否和谐	5				
活动参与	是否积极主动	5				
任务方案	是否正确、合理	10				
安全生产	有无安全隐患	10				
工作态度	态度是否端正	20				
工作过程	1. 是否做了作业前的准备工作； 2. 拆装过程是否规范； 3. 回答问题是否正确	30				
任务完成情况	是否圆满完成	5				
工具使用情况	是否符合规范标准	5				
场地清理	场地是否整洁，工具设备是否归位	10				
总分		100				
教师签名：			年　月　日		得分：	

5. 写下此时你最想对自己说的一句话。

6. 教师评语。

项目 12　拆装前风窗玻璃

12.1　项目指导

12.1.1　项目描述

风窗玻璃是保证驾驶员有良好的能见度和开阔视野的,确保在遇到碰撞、飞石等情况下玻璃被打破而不伤人,并起到了构成车身外形和装饰外观的作用。同学们将在指导老师的带领下,利用 8 课时的时间,在车身结构与附件拆装学习工作站,对前风窗玻璃的组成进行实物认知并使用拆装工具对其进行规范拆装。同学们应记录已完成的工作,自觉保持安全作业,遵守实训管理条例并确保符合“8S”管理的工作要求。

12.1.2　学习目标

同学们在教师的指导下借助工作页、视频等资料,了解并掌握前风窗玻璃的功能、安装的部件组成等,能正确选择拆装工具及设备对其进行规范拆装。

对已完成的任务进行记录、存档、评价及反馈。

12.1.3　学习重点及难点

学习重点:前风窗玻璃的规范拆装方法。

学习难点:掌握黏合剂的涂装方法和固化时间。

12.1.4　实训步骤及要求

1. 同学们进入工作站时,要认真、仔细阅读相关安全要求与说明,严格按照安全防护要求着装,并按老师的要求安全作业,否则可能会由于违反安全作业规程造成身体或设备的损伤。

2. 完成作业前的准备工作。

3. 拆卸前刮臂总成。拆卸前刮臂固定螺母(图 12 - 1),再取下前刮臂总成(图12 - 2)。

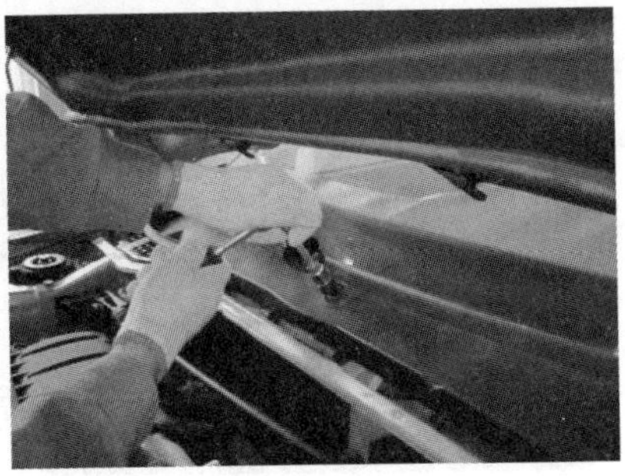

图 12 - 1

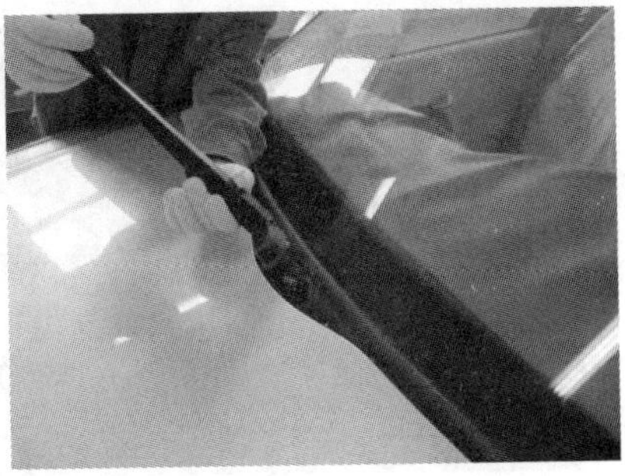

图 12 - 2

4. 拆卸前围盖板。先拆下前围盖板固定螺钉(图 12 - 3),再取下前围盖板(图12 - 4)。

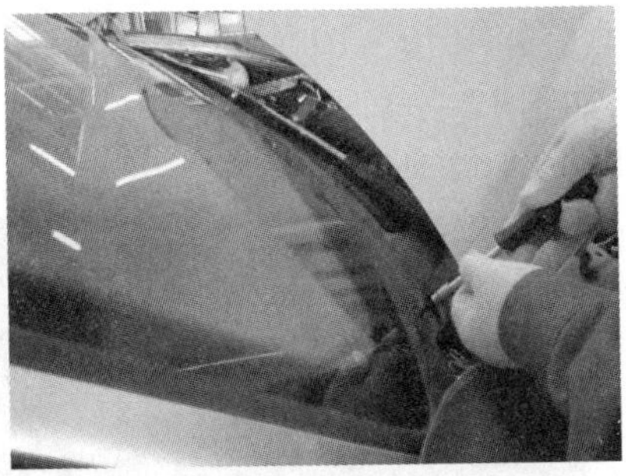

图 12 - 3

图 12 - 4

5. 拆卸前窗立柱内侧装饰板及内后视镜。

(1)拉开车门框上方密封条,如图 12 - 5 所示。

(2)拆下前窗立柱内侧左装饰板,如图 12 - 6 所示。

(3)拆下前窗立柱内侧右装饰板,如图 12 - 7 所示。

(4)拆卸内后视镜,如图 12 - 8 所示。

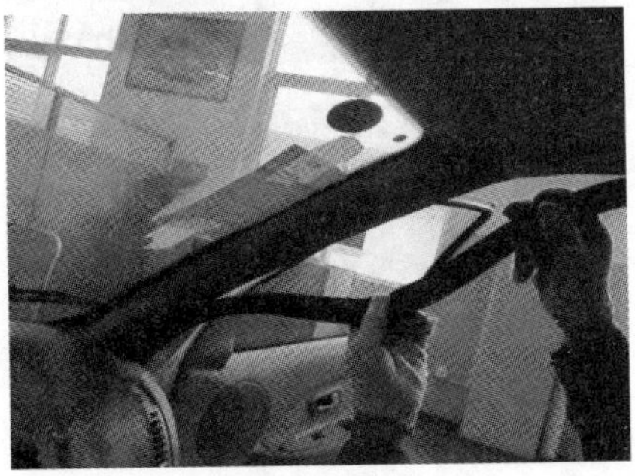

图 12 - 5

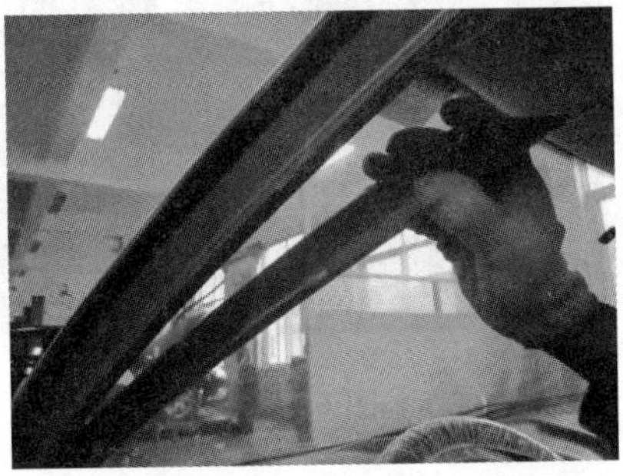

图 12 - 6

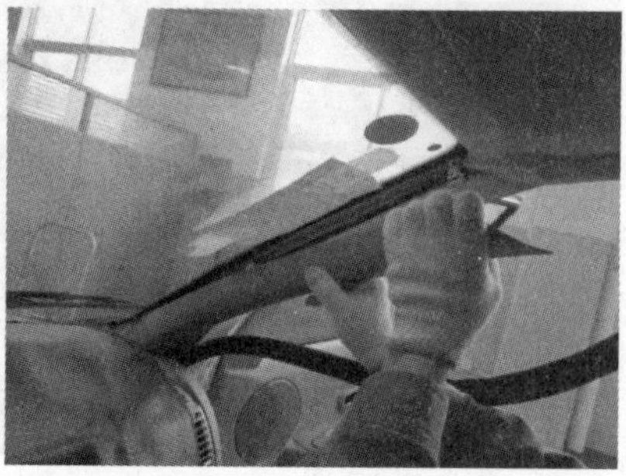

图 12－7

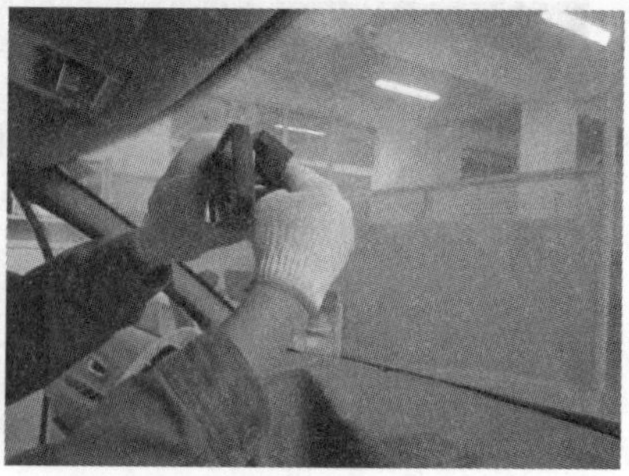

图 12－8

6. 拆卸前风窗玻璃。

(1)钢丝绳穿过玻璃后连上手柄，如图 12－9 所示。

(2)两人来回拉动钢丝绳切割黏合剂，如图 12－10 所示。

(3)压紧吸盘、扳下按钮吸住玻璃，如图 12－11 所示。

(4)两人合力用吸盘取下玻璃，如图 12－12 所示。

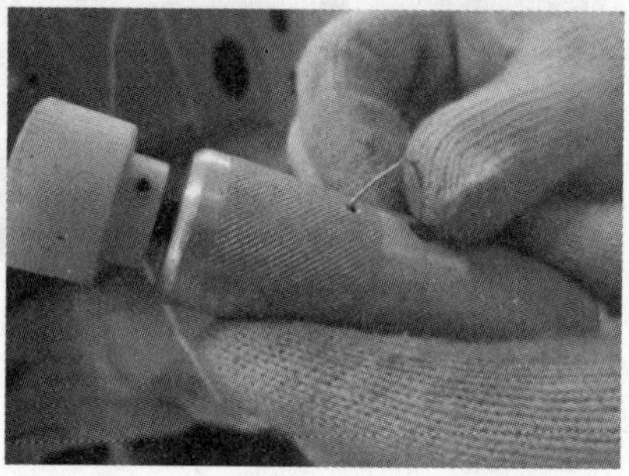

图 12－9

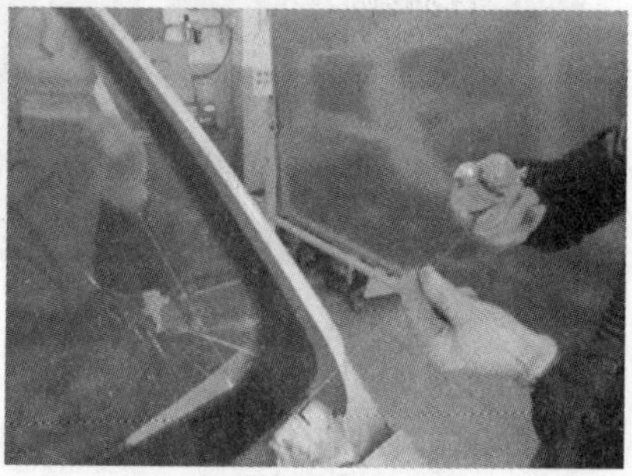

图 12－10

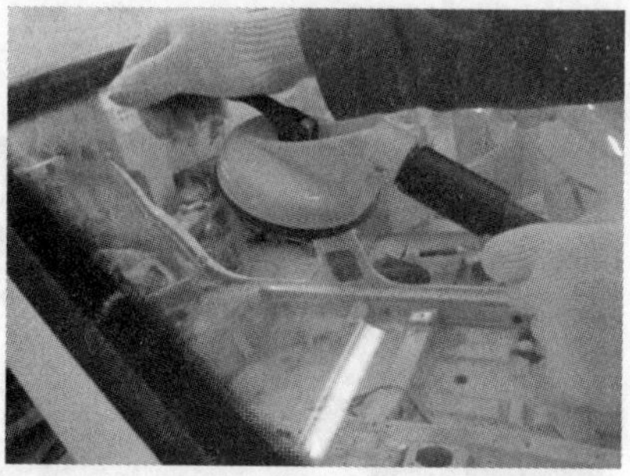

图 12－11

图 12－12

7. 前风窗玻璃安装前的预处理(注：清洗剂及助粘底涂的使用)。

(1)清除车身上残留的黏合剂，如图 12－13 所示。

(2)在新玻璃上安装装饰条，如图 12－14 所示。

图 12－13

图 12－14

(3)清洁玻璃及玻璃框,如图 12－15 和图 12－16 所示。

图 12－15

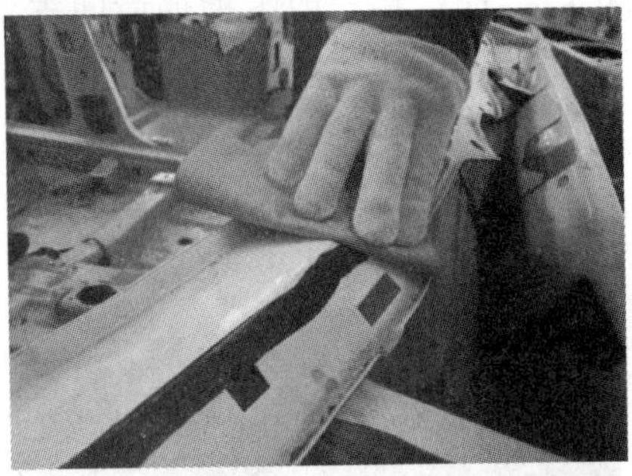

图 12－16

☞**小提示:**清洁黏合面不要使用酒精和油性清洁剂进行清洁,要采用无氨、无污染玻璃清洁剂或厂家指定专用清洁剂进行清洁。

(4)在新玻璃及玻璃框油漆损伤处刷涂底涂,用羊毛刷蘸少量底涂(图 12－17),然后均匀刷涂底涂(图 12－18)。

图 12－17

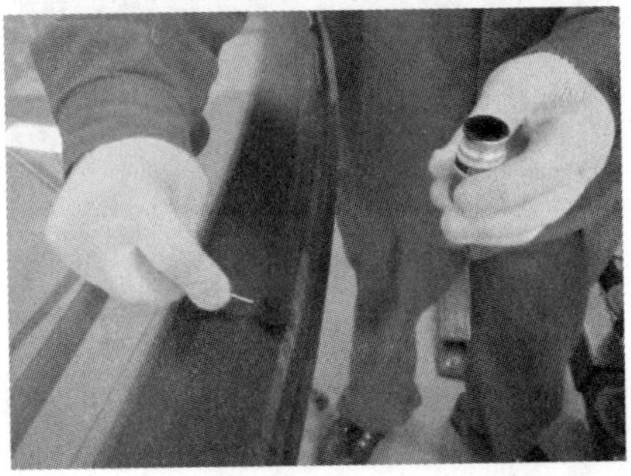

图 12－18

☞**小提示**：在车身和玻璃上涂上底涂后，需要干燥 15min，才能涂玻璃黏合剂。如果风窗玻璃内装有天线，则应在距天线等大约 200mm 的位置贴上一块丁基胶带，绝不要在引线附近直接使用底涂和玻璃黏合剂，以保证收音机信号不受干扰。

8. 玻璃安装间隙与定位。

将新玻璃移到窗框上进行定位，定位时要均匀对准并调整。为了使玻璃能充分黏合，整个玻璃四周至少要有 6mm 宽度与窗框结合，如图 12－19 所示。在检查定位准确后在玻璃上方贴两条、左右各一条定位标记纸带（图 12－20），并沿装饰条边缘切断纸带，作为后续安装玻璃时参照物（图 12－21），最后取下玻璃放回支架上，如图 12－22 所示。

图 12－19

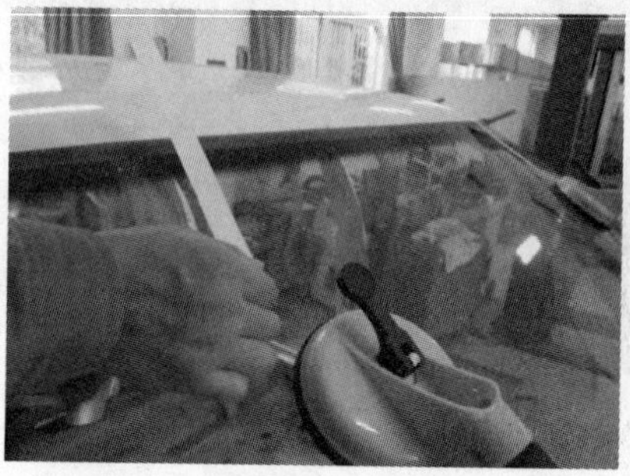

图 12－20

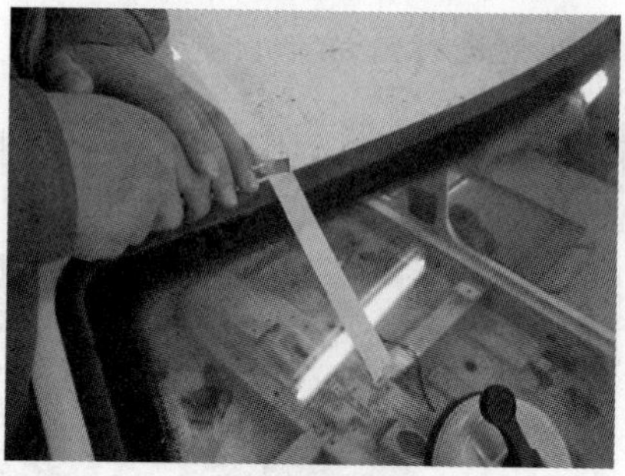

图 12－21

图 12－22

9. 玻璃胶涂装（注：胶嘴应垂直涂装表面，尽可能连续、匀速涂装）。

（1）在涂黏合剂之前，为了使黏合剂挤出时达到合适的宽度和高度，要在黏合剂涂抹工具嘴部进行剪修，如图 12－23 所示。常用涂抹工具嘴部直径为 8mm，开口高度为 10～12mm，并成三角形。

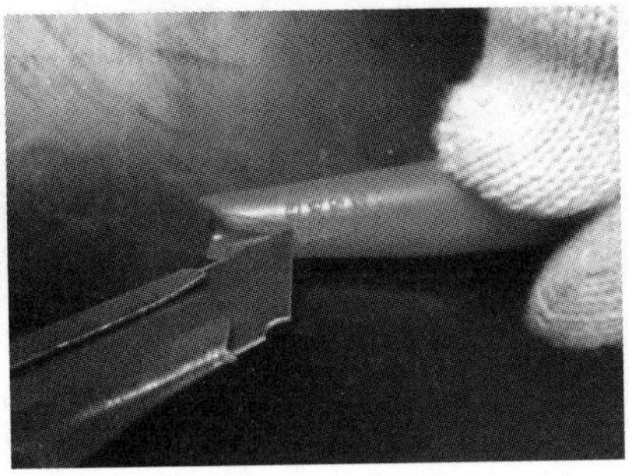

图 12－23

☞**小提示**：玻璃黏合剂的抗拉强度和剪切强度对牢牢地固定风窗玻璃是非常重要的，当黏合剂使用后固化层将保持橡胶弹性，并在－50℃到100℃的温度范围内不会变得过度的硬和黏，因此必须使用厂家推荐的玻璃黏合剂。

（2）在使用气动黏合剂胶枪涂抹黏合剂时，要从玻璃下部中间开始涂抹，枪杆竖正、以均匀的速度连续移动气动黏合剂胶枪，以达到挤出的黏合剂有适当的高度（10～12mm）和宽度（8～10mm）正三角形形状。图 12－24 为技术人员调节胶枪气体流量，图 12－25 为技术人员在涂抹玻璃黏合剂。

图 12－24

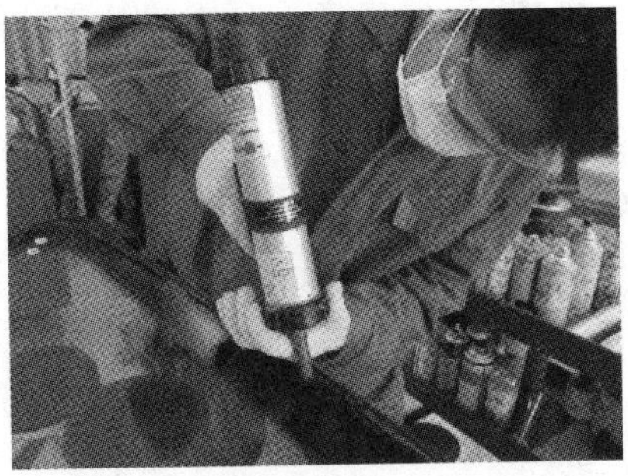

图 12－25

☞**小提示**：涂抹玻璃黏合剂时，操作人员要穿上工作服，戴上护目镜、口罩和手套。

10. 前风窗玻璃的安装。

黏合剂涂抹完毕后，需要有两人共同配合安装玻璃，用吸盘吸起玻璃，小心的移到车身窗框中（图 12－26），以先做好的定位标记纸带为参照物（图 12－27），准确将玻璃移到玻璃框内（图 12－28），并且轻压玻璃四周（12－29），如有挤出的黏合剂，待黏合剂基本固化后再行清除。

图 12－26

图 12－27

图 12－28

图 12－29

☞**小提示**:玻璃覆盖到车身上后,黏合剂受气候温度、湿度的影响,一般按厂家推荐的时间需要 6～8h,才能彻底地在室温下固化。因此在玻璃安装在车身上后,可用品质较好的宽而透明胶带粘住玻璃外表面,防止玻璃下滑。另外,如用户急需用车,应提醒用户在黏合剂完全固化之前应尽量避免走颠簸路以及避免急刹车,透明胶带可在 6～8h 后拆除。

11. 安装玻璃 30min 后,可在边框处用柔和的水流检查密封性,切不可高压冲淋如图 12－30 所示。

图 12－30

12. 清理工具,清洁工位。

12.2 资料收集

学习地点

车身结构与附件拆装学习工作站。

学习准备

多媒体设备及其他相应学习材料。

学习过程

1. 经过小组讨论后,独立完成下表中的问题。

方式	引导问题	结论
独立完成	风窗玻璃的种类有哪些?有何特点?	
独立完成	风窗玻璃的安装方法有几种?分别是什么?	
独立完成	刷涂底涂有何作用	

2. 观察看下图,识别前风窗玻璃的组成部件(2010 款爱丽舍轿车)。

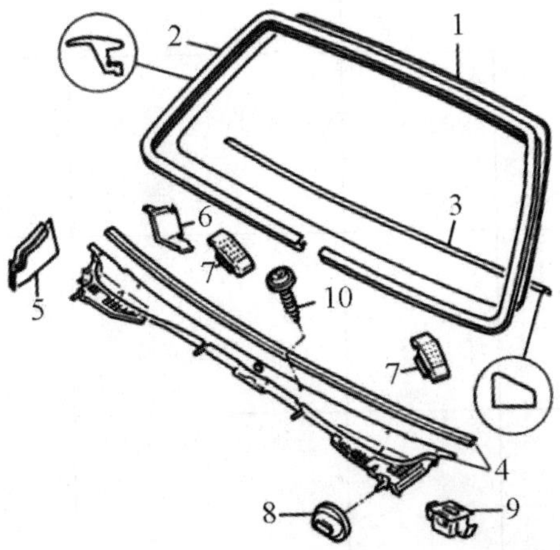

图中:1 为________________;2 为________________;

3 为________________;4 为________________;

5 为________________________;6 为________________________;
7 为________________________;8 为________________________;
9 为________________________;10 为________________________。

12.3 制订、实施计划

学习地点

车身结构与附件拆装学习工作站。

学习准备

2010 款爱丽舍轿车、拆装工具及设备、玻璃胶组件、多媒体设备及其他相应学习材料。

学习过程

12.3.1 制订计划

1. 经过小组讨论后,制订工作计划。

序号	工作步骤	工具及设备的使用	原则、技术标准、规定等	时间控制	备注

续表

序号	工作步骤	工具及设备的使用	原则、技术标准、规定等	时间控制	备注

2. 小组分工

任务名称					
职位	岗位职责	曾担任职位	评　价		
			自评	互评	师评
组长	负责整个维修小组的管理、组织工作				
安全员	负责对工艺流程、安全生产等方面进行监督和检查				
讲解员	负责解释本组的任务实施方案				
维修员	负责工具的使用、维护工作及监督整个工艺流程的操作实施				
职位包括:维修小组组长 1 人、维修小组安全员 1 人、维修小组讲解员 1 人、维修小组维修员 1 人。每栏按每次担任的职位进行填写;曾担任职位栏打"√"表示;评价一栏按工作态度及完成效果分为 A—优秀;B—良好;C—合格;D—不合格四个档次					

3. 方案检查

有无重大缺陷或存在不安全因素:□ 有　　□ 无

如果有重大缺陷或存在不安全因素需返回重新讨论并修改,直至教师签字认可。

教师意见:____________________　教师签字:________

12.3.2　计划实施

1. 工位组长合理分配各个小组成员的任务,小组成员间相互协作。
2. 严格按照教师审核后的计划及工艺标准进行操作。
3. 对工作任务完成情况进行自检和互检。
4. 清理场地确保工具设备归位。
5. 写下此时你最想对自己说的一句话。

12.4　质量检验

学习地点

车身结构与附件拆装学习工作站。

学习准备

多媒体设备及其他相应学习材料。

学习过程

1. 对教师提出的问题进行记录，并寻求解决办法。

序号	存在的问题	存在的原因及解决办法	教师的评价

2. 观看老师的操作演示，记录操作要点，按规范工艺流程进行练习。

12.5　考核评价

学习地点

车身结构与附件拆装学习工作站。

学习准备

多媒体设备及其他相应学习材料。

学习过程

12.5.1　考核

（一）单项选择题

(1) 目前轿车的前风窗玻璃一般采用的是（　　）。

A. 钢化玻璃　　　　B. 夹层玻璃　　　　C. 特殊玻璃

(2)下列描述中不正确的是(　　)。

A. 涂刷底涂的作用主要是改善黏接效果

B. 旧玻璃上一般不需要涂刷底涂

C. 涂刷底涂后应立即涂胶

(3)刚刚粘贴过车身玻璃的车,(　　)可以使用。

A. 立刻　　　　B. 6 ~ 8h　　　　C. 24h 以后

(4)涂胶时胶嘴与被涂表面呈(　　)角为宜。

A. 45°　　　　B. 90°　　　　C. 大于 90°

(5)当多余的胶溢出时,应(　　)。

A. 立即擦拭干净　　　　B. 30min 以后再清除　　　　C. 待玻璃胶完全固化后再清除

(二)判断题(正确的打"√",错误的打"×")

(1)轿车的后风窗玻璃一般采用夹层玻璃。　(　　)

(2)玻璃和车身上的残胶可以适当保留 2 ~ 3mm,但必须修割平整。　(　　)

(3)切割玻璃胶时可不必拆下风窗立柱装饰条。　(　　)

(4)涂胶时尽量连续涂装,避免出现粘贴空隙与断点。　(　　)

(5)刚安装的玻璃可以用高压水枪冲淋,观察是否漏水。　(　　)

12.5.2 评价总结

1. 通过分析其他小组的整体表现,找出对自己小组有帮助的地方。

2. 如果愿意吸取别人的优点,你可以重新确认你的工作步骤。

3. 通过本项目学习,你有哪些收获?

4. 根据下列评价表，看看自己的表现。

考核项目	评分标准	分数	学生自评（权数0.1）	小组互评（权数0.2）	教师评价（权数0.7）	小计
团队合作	是否和谐	5				
活动参与	是否积极主动	5				
任务方案	是否正确、合理	10				
安全生产	有无安全隐患	10				
工作态度	态度是否端正	20				
工作过程	1. 是否做了作业前的准备工作； 2. 拆装过程是否规范； 3. 是否按要求进行检漏； 4. 回答问题是否正确	30				
任务完成情况	是否圆满完成	5				
工具使用情况	是否符合规范标准	5				
场地清理	场地是否整洁，工具设备是否归位	10				
总分		100				
教师签名：			年　月　日		得分：	

5. 写下此时你最想对自己说的一句话。

6. 教师评语。